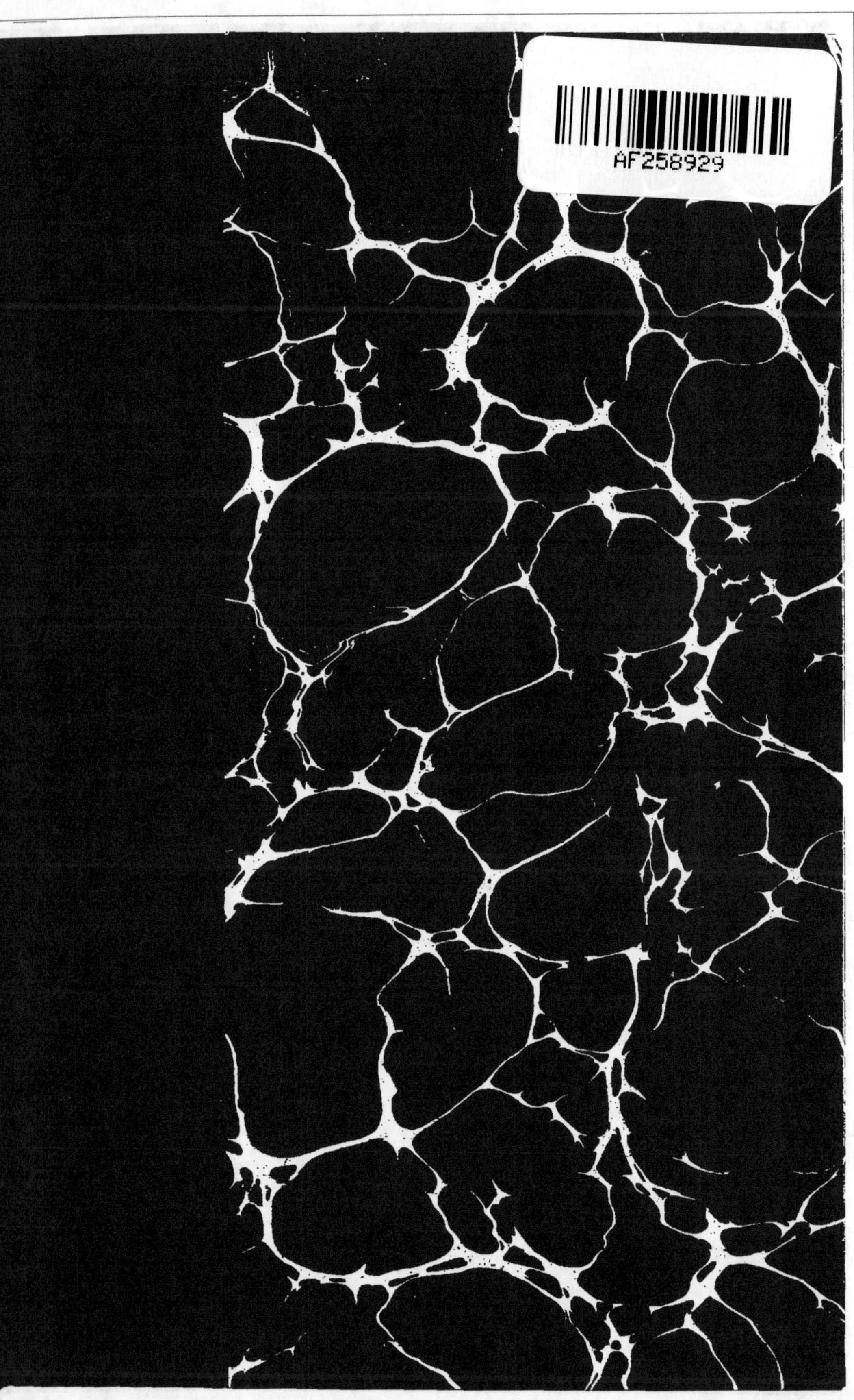

HISTOIRE

ANCIENNE,

OU

PREMIÈRE PARTIE

DE

L'HISTOIRE

DES

HOMMES.

HISTOIRE

DES

HOMMES,

OU

HISTOIRE

NOUVELLE

DE TOUS LES PEUPLES

DU MONDE,

PARTIE DE L'HISTOIRE ANCIENNE.

TOME XI.

A PARIS,

M. DCC. LXXXI.

Avec Approbation, & Privilége du Roi.

HISTOIRE

DES

ÉGYPTIENS.

HISTOIRE

D'AMASIS.

Nous approchons du siècle d'Alexandre ; & le vernis de fables orientales, qui entoure l'histoire des Pharaons, semble subsister encore. Tâchons, avec l'eau corrosive du scepticisme , d'enlever ce vernis, de la vie du vainqueur d'Apriès ;

nous en apprécierons mieux sa perfonne & fes monumens.

Amafis, né dans la pouffière, n'était point fait pour régner ; mais on fait que dans les Gouvernemens abfolus, ainfi que dans les Républiques, il n'eft pas effentiel d'avoir des ayeux pour être habile à gouverner. Ce n'eft que dans les Monarchies modérées où le défaut de naiffance exclud du pouvoir fuprême. Cependant les Egyptiens, accoutumés depuis long-tems à obéir à des Rois iffus d'antiques dynafties, voyaient avec peine un homme obfcur affis fur le trône de Séfoftris. Le nouveau Monarque le fçut, & fe juftifia comme les Orientaux, c'eft-à-dire, par un apologue. Il avait un vafe d'or qui, depuis long tems, fervait à laver fes pieds & ceux de fes convives ; il ordonna à un Artifte de le fondre, d'en faire la ftatue d'un Dieu, & de la placer dans le lieu le plus apparent de fa capitale. Les Egyptiens, qui jugeaient toujours de la qualité de leurs Dieux, par celle du métal qui compofait leurs ftatues, ne manquèrent pas d'accourir en foule, & de prodiguer leurs hommages au nouveau protecteur de la Monarchie. Alors le Pharaon leur expliqua à quels vils ufages ce métal précieux avait été employé, avant que le cifeau du Sculpteur en eût fait un Dieu : *J'étais ce vafe immonde*, leur dit-il, *aujourd'hui je fuis la ftatue, & j'ai droit à vos hommages.* On fait le parti qu'ont tiré de cet apologue Horace & la Fontaine.

Le Philofophe pardonne aifément à Amafis d'avoir été le premier de fa race, mais non pas d'avoir dégradé, par des baffeffes & des crimes, le tems qu'il pàffa loin du trône. On affure qu'à cette époque, il confumait fa jeuneffe licentieufe en feftins & en parties de débauche ; quand l'argent lui manquait, il le volait fans fcrupule ; & quelques preuves qu'on lui donnât de fes larcins, il les niait avec audace ; l'unique parti qui reftait alors, était de conduire l'accufé aux Oracles, qui, fuivant les lumières fecrettes que les Prêtres pouvaient fe procurer, tantôt le condamnaient, tantôt avaient l'indulgence de l'abfoudre. Comme Amafis avait toujours été coupable, lorfqu'il fut Roi, il n'eut que du mépris pour ceux de ces Oracles dont les regards furnaturels n'avaient pas percé dans la nuit de fes brigandages.

Amafis, à qui la mémoire du fecond Néchao était chère, protégea, comme lui, les Grecs contre la jaloufie Egyptienne; il les raffembla dans la ville de Naucratis, & leur permit d'y faire fleurir le commerce & les arts. Peu content de ces marques de bienveillance, ayant appris que le fameux temple de Delphes avait été détruit par un incendie, il envoya une fomme confidérable pour aider à rebâtir cet édifice, dont les Architectes voulaient faire une merveille du monde.

On nous repréfente Amafis comme un Prince très-doux ; cependant on cite

de lui une loi qui annonce plus que de
la dureté dans le caractère. Il ordonna
à chacun de fes fujets de juftifier aux
Magiftrats les moyens honnêtes fur lefquels il fondait fa fubfiftance ; & celui
qui tergiverfait , était à l'inftant con-
damné à mort. Cette loi , fi oppofée
à l'efprit du code de Sabbacon , fut tranf-
portée par Solon parmi les inftitutions
d'Athènes, & y tomba, fans doute, en
défuétude , comme nos loix fur les
blafphêmes & toutes les loix des fiècles
de barbarie , que les fiècles éclairés con-
fervent fans les fuivre , uniquement par
refpect pour la mémoire du Légiflateur.

On peut juger encore de la douceur
d'Amafis , par fa conduite envers la
beauté Grecque qu'il avait époufée ; il
l'aimait éperdument & ne pouvait en
jouir ; perfuadé que fon état venait d'un
charme que fa femme lui avait jetté ,
il la menaça, fi elle ne le rendait pas
père , de la faire expirer dans le plus
cruel des fupplices. La Princeffe épou-

vantée, fit un vœu à Vénus, & la nuit même elle conçut. Au reste, ce trait dérobé aux contes antiques des Arabes, n'a pas d'autre garant que la crédulité d'Hérodote.

Si on pouvait compter sur la chronologie du père de l'histoire, il faudrait supposer que cette Grecque était la fameuse courtisanne Rhodope, qui bâtit, du prix de ses charmes, une pyramide. Cet Ecrivain la fait contemporaine d'Amasis ; & voici le roman oriental sur lequel est fondé son avènement au trône des Pharaons.

Rhodope était un jour au bain, lorsqu'un aigle, fondant sur une Egyptienne qui gardait ses habits, lui enleva la mule de sa maitresse. L'oiseau prit son vol vers Memphis, & y arriva au moment où le Pharaon parlait au peuple assemblé. Il voltigea quelque tems au-dessus de la tête du Prince ; ensuite il laissa tomber doucement la mule à ses pieds. Amasis, après avoir admiré ce préfent du ciel , voulut favoir à quel pied il fervait de chauffure. Des courriers partirent à l'inftant pour fatisfaire la curiofité amoureufe du Pharaon. Rhodope fut découverte; on l'amena à Memphis , & Amafis partagea fa couronne avec la courtifanne.

Jufqu'ici on ne voit pas que le vainqueur d'Apriès ait rien fait qui juftifie fa renommée; cependant les Grecs difent que l'Egypte , de fon tems , fut heureufe ; & Hérodote le prouve à fa manière , en comptant alors *vingt mille villes , toutes très-peuplées* , dans la Monarchie des Pharaons.

Nous avons déja eu occafion de rectifier les antiques préjugés par rapport à ces vingt mille villes , placées fur deux mille lieues de terres cultivables. Il réfulterait en effet de ce calcul abfurde , qu'il y aurait eu dix villes enceintes de murailles dans chaque lieue quarrée , ou plutôt que l'Egypte entière n'aurait été qu'une feule ville de cent foixante-fept lieues de long, qui aurait touché d'un côté à la Méditerranée, & de l'autre aux montagnes de l'Ethyopie.

Il ne reste, pour la gloire d'Amasis, que quelques monumens que l'antiquité lui attribue. Tel est un vestibule du temple de Minerve à Saïs, qu'il décora de statues colossales ; tel est aussi un grouppe fort extraordinaire, qu'il fit placer à l'entrée du temple de Vulcain à Memphis, & qui consistait en deux statues de vingt pieds de hauteur, chacune érigée sur la base, tandis qu'une troisième, qui en avait soixante & quinze de long, était renversée près d'elles. On ignore quels étaient les personnages que ce grouppe désignait, & il faut laisser cet aliment à la curiosité frivole des interprètes des hiéroglyphes.

Je conjecture qu'on pourrait aussi dater du règne d'Amasis, ce palais tracé d'après des idées gigantesques & barbares, dont on voit les ruines dans l'ancienne Tentyre : ruines que nous avons fait graver, pour qu'on puiſſe juger par les faits, encore plus que par le raiſonnement, ſi jamais l'Egypte eut une architecture.

Quant à la fameuſe maiſon d'une ſeule pierre que le Pharaon fit tranſporter à Saïs, & dont les Grecs ne parlaient qu'avec enthouſiaſme, c'eſt un monument à l'appréciation duquel il faut conſacrer quelques lignes dans une Hiſtoire des hommes.

DES ÉDIFICES
D'UNE SEULE PIERRE,
DU SPHINX ET DES MONUMENS DE CE GENRE.

ON voyait, suivant Hérodote, en face du temple de Minerve, à Saïs, un édifice construit d'une seule pierre; sa façade extérieure, réduite à notre mesure Française, avait trente-trois pieds trois pouces de long, vingt-deux pieds deux pouces de large, & douze pieds huit pouces de hauteur (a). Deux mille hommes furent employés, pendant trois ans, à transporter ce monument des

---

(a) Hérod. *Euterpe*. La coudée qui sert au calcul de cet Historien est probablement la coudée de Babylone.

carrières d'Eléphantine à Saïs. Amasis le destinait à décorer l'intérieur même du temple de Minerve. Mais un des ouvriers ayant été écrasé, pendant qu'on faisait manœuvrer les machines, le Pharaon effrayé de ce présage finistre, laissa l'édifice devant le péristyle.

Cet édifice d'Amasis était copié d'un autre qu'on voyait dans le temple de Latone à Butos; ce dernier même semblait bien plus digne, par la hardiesse de ses proportions, d'être admiré par des esclaves; car c'était un quarré parfait, ayant, dans tous les sens, au moins soixante-trois pieds; seulement le faîte était formé d'une seconde pierre. La chapelle de Butos fut transportée toute taillée de sa carrière, comme celle de Saïs; mais on ignore le tems qu'elle mit à son voyage.

Il n'y a point d'effort de génie, sans doute, à se creuser une maison dans le sein d'un rocher. Les sauvages mêmes le font, quand ils habitent auprès d'une carrière.

Le travail qui conſiſtait à iſoler cette maiſon monolithe, était loin encore de tenir du prodige. Le granit Égyptien, quand on a eu ſoin d'y pratiquer une tranchée de quelques pouces, s'ouvre, à l'aide d'un coin, ſouvent à la profondeur de trente pieds. Nous l'avons vu dans la théorie de la ſtructure des obéliſques.

Il reſté le tranſport de l'édifice, pour juſtifier l'enthouſiaſme des Anciens ; mais obſervons d'abord que la conduite ſe faiſait ſur le Nil ; de plus, quelle merveille y a-t il à tranſporter par eau, d'une ville à une autre, une maiſon qui n'avait pas ſix toiſes de longueur ſur deux d'élévation, quand l'Architecte avait deux mille hommes à ſes ordres, & qu'il mettait trois ans à ſon voyage. C'était avec du génie & des machines, qu'il fallait ſuppléer à ce long & pénible travail d'eſclaves ; & notre Servandoni

aurait, à cet égard, donné d'utiles con-
feils aux Architectes des Pharaons.

Il paraît, par le filence des Hiftoriens,
que *les deux maifons monolithes de Saïs
& de Butos*, étaient fans colomnes, fans
ornemens & fans fculpture ; ce qui, aux
yeux des étrangers qu'on n'avait pas foin
d'inftruire, ne les diftinguait pas d'une
cabane groffière, conftruite fur les lieux
mêmes. Dans ce fens, j'aimerais mieux
le tombeau d'une feule pierre qu'on
avait érigé à Amafis, & qui était taillé
en forme de fphinx. On peut juger de
l'énormité du bloc, par les proportions
que Pline donne à la figure, dans fon
hiftoire naturelle ; le monftre couché
avait, fuivant lui, cent quarante-trois
pieds de long ; fa hauteur, du ventre
à l'extrémité des cheveux, était de
foixante-deux, & la tête feule en avait
cent deux de circonférence (*a*).

____

(*a*) Il faut rapporter le texte original, par-

Ce Sphinx , c'eſt-à-dire , cette tête de femme poſée ſur un corps de lion, ſubſiſte encore , mais enſéveli en grande partie dans les ſables. Pockoke conjecture que c'eſt le roc même ſur lequel le ·monſtre eſt aſſis , qui a ſervi à le former , & que les pierres qu'on en a enlevé , ont été employées à bâtir les pyramides. Le voyageur philoſophe meſura la tête & le col de ce coloſſe avec le quart de cercle , & il leur trouva vingt-ſept pieds de hauteur (*a*). Le reſte du corps eſt enterré ou couvert de dé-

ce qu'on a beaucoup diſputé ſur la deſtination de ce monument & ſur ſa proportion.

Antè has eſt ſphinx , vel magis narranda. . . Amaſim regem putant in eâ conditum & volunt invectam videri. Eſt autem ſaxo naturali elaborata & lubrica. Capitis monſtri ambitus per frontem centum duos pedes colligit , longitudo pedum CXLIII. *eſt altitudo a ventre ad ſummam aſpidem in capite* LXII. Voy. *Hiſtor. Natur.* édit. de Barbou , lib. XXXVI. cap. 17.

(*a*) *Voyages en Orient* , liv. 1 , chap. 5.

combres. On remarque deux ouvertures au monument, l'une fur la tête, d'où les Prêtres rendaient probablement leurs oracles ; l'autre, fur le dos, qui fervait à defcendre dans la falle où était renfermée la momie du Pharaon.

Les proportions du Sphinx , telles que Pline nous les donne, ne font point dans la nature ; une tête d'Egyptienne fur un corps de lion , ne préfente aucune idée de tombeau ; le monument d'Amafis ayant été conftruit fur le lieu même , n'annonce que la patience des manœuvres, & non le génie de l'Architecte ; malgré tout cela , les fiècles fe font extafiés fur le Sphinx , & perfonne ne connaît le tombeau de Théodoric : ouvrage du même genre , mais bien fupérieur par les grands efforts de méchanique qu'il a fallu pour le tailler , pour le conduire & pour le pofer. Arrêtons-nous un moment fur ce tombeau de Théodoric, & apprenons à nous défier des renommées.

» J'admets avec les Anciens, dit un
» de nos plus célèbres Architectes (a),
» l'immensité des blocs que les Egyp-
» tiens avaient su tirer de leurs carriè-
» res, transporter sur le Nil à des dif-
» tances de deux cents lieues, & met-
» tre en place ; mais les Goths ont fait
» des choses non moins étonnantes dans
» le même genre ; tel est en particulier
» le tombeau qu'Amalasonte fit élever
» dans Ravenne au Roi Théodoric. Son
» dôme est d'une seule pierre & pré-
» sente une masse bien plus considé-
» rable que la maison monolithe de
» Saïs ; on pourra en juger par le pa-
» rallèle.

» La pierre de ce dôme extraordi-
» naire est octogone à l'extérieur & cir-
» culaire en dedans ; elle a hors œuvre

(a) Soufflot , dans une lettre au Comte de
Caylus , insérée au tome 15 de *l'Histoire de
l'Académie des Belles-Lettres.*

» trente-quatre pieds de diamètre , &
» vingt-neuf dans œuvre ; en combi-
» nant l'épaiſſeur du contour avec la
» hauteur du ſocle , on peut donner
» deux pieds dix pouces pour la groſ-
» ſeur totale du bloc, qui , multipliés
» par le produit de trente-quatre pieds
» en quarré qu'il devait avoir en le
» tirant de la carrière , produiſent un
» cube de onze mille trois cents ſoi-
» xante-ſept pieds. La pierre d'Iſtrie ,
» dont ce dôme eſt formé, doit peſer
» au moins deux cents livres le pied
» cube ; par conſéquent le bloc , ſur la
» carrière, devait peſer au moins deux
» millions deux cents quatre-vingt mille
» livres.

» En coupant les quatre angles du
» dôme pour former les huit pans ,
» le bloc ſe réduiſit à neuf mille qua-
» tre cents pieds cubes , & au poids
» de dix-huit cents quatre-vingt mille
» livres ; mais quand on retrancherait
» encore la moitié de ce poids pour

» les excavations intérieures & le tra-
» vail entrepris fur fa furface, il lui
» reſtera encore, dans le calcul, un
» tiers de plus de folidité qu'à l'édifice
» monolithe qu'Amaſis fit venir d'Elé-
» phantine à Saïs; & (ce qui rend ce
» dôme bien fupérieur au Sphinx) c'eſt
» qu'il a fallu le tranfporter des car-
» rières de l'Iſtrie, le conduire fur le
» golphe Adriatique jufques dans Ra-
» venne; l'amener, à force de machi-
» chines, au pied du tombeau, & l'é-
» lever fur le mur d'enceinte à quarante
» pieds de hauteur «.

Ce dédain de la poſtérité pour le
monument de Ravenne, parce que
c'eſt le tombeau d'un Roi Goth, tandis qu'elle fe proſterne devant le Sphinx,
parce que c'eſt le tombeau d'un Pharaon, n'eſt pas la feule injuſtice de ce
genre qu'on ait à lui reprocher; conti-
nuons à abbattre avec la coignée philo-
fophique toute cette forêt d'erreurs &
de préjugés, qui déshonore les écrits

qui nous reſtent de la haute antiquité ;
& ſi la vérité eſt bannie de deſſus la
terre, qu'elle ſe retrouve du moins dans
l'Hiſtoire des Hommes.

DE LA CONQUÊTE
DE L'ÉGYPTE
PAR CAMBYSE.

Pendant qu'Amafis s'amufait à coucher des coloffes à l'entrée de fes temples, & à promener des chapelles d'une feule pierre l'efpace de deux cents lieues, le terrible fucceffeur de Cyrus menaçait l'Egypte avec une armée qui avait déja renverfé les plus beaux trônes de l'Orient. Cependant le Pharaon, tranquille à l'ombre des autels qu'il chargeait d'offrandes, n'oppofait qu'un encens frivole aux légions de foldats qui venaient fondre fur fa Monarchie.

Le fujet de la guerre entre les deux Etats était (ainfi que nous l'avons dit dans l'hiftoire des Perfes) digne d'un

Defpote tel que Cambyfe *(a)*. Ce Prince avait appris (dans fon Serrail fans doute), que l'Egyptienne était, de toutes les femmes du globe, celle qui procurait le plus de plaifir dans la jouiffance ; il demanda donc au Pharaon Amafis, fa fille en mariage ; celui-ci, à qui le cœur de Cambyfe était connu, fentit qu'on en impofait à fa bonne foi ; il fe douta qu'au moment où fa fille entrerait dans la Perfe, elle y ferait confondue avec les concubines du Monarque ; cependant n'ofant refufer ouvertement un Prince, qui fe trouvait encore à la tête de cohortes, victorieufes long-tems fous Cyrus, la terreur de l'Afie, il oppofa au ftratagême de Cambyfe, un autre ftratagême. Il avait dans fon palais la célèbre Nitétis, unique refte du fang d'Apriès, à qui il avait ôté la couronne & la vie ; il l'envoya en Perfe, fous le

***

(*a*) Ctéfias *Biblioth. Photii*, cod. 72. Hérod. lib. 3, & Atheṇ. *Deipnofoph.* lib. 13.

nom de fa fille; mais Nitétis, dont la feule politique avait rompu les chaînes, ne fe crut point obligée à conferver un fecret qui pefait à fa vengeance; elle fe fervit même de l'afcendant que lui donnait fa beauté fur le voluptueux Cambyfe, pour l'engager à punir les ufurpations d'Amafis; le Roi de Perfe promit d'être jufte, & le promit dans les bras de fa maitreffe.

Le Roi de Perfe parut tout d'un coup devant Pélufe, la clef de l'Egypte, fans s'être vu arrêté un feul moment par la grande muraille de Séfoftris; il paraît qu'un Nomarque, nommé Combaph, profita du crédit qu'il avait fur les côtes du Delta, pour ouvrir en même-tems à Cambyfe l'entrée des ports de la Méditerranée. Ce Prince, contre l'ufage des tyrans, accueillit le traître en profitant de la trahifon. Le crime de Combaph, la révolution achevée, lui valut le Gouvernement de l'Egypte & l'horreur des deux nations.

Le succès de la perfidie de Combaph ouvrit les yeux à un Grec d'Halicarnasse, nommé Phanès. Cet allié des Pharaons, qu'un long séjour en Egypte avait éclairé sur sa faiblesse, se présenta à Cambyse, & lui traça le plan de sa campagne. Ce plan fut accueilli, & détermina la conquête.

La prise de Péluse fut la première opération militaire du successeur de Cyrus, & ce fut la superstition Egyptienne qui lui en ouvrit les portes. Phanès avait appris aux Perses qu'on adorait, dans la ville, le chat, l'ibis & l'ichneumon. Cambyse rassembla un grand nombre de ces animaux divinisés, les plaça à son avant-garde, & monta à l'assaut. Le stratagême réussit. Les Egyptiens, dans la crainte de blesser leurs divinités tutélaires, ne tirèrent point sur les Perses qui escaladaient leurs murs ; & ils moururent en lâches, qui avaient trahi leur patrie, mais se félicitant avec leurs Prêtres de n'avoir pas été sacriléges.

Cambyfe, maître de Péluse, pour-
suivit le cours de fes conquêtes, & alla
chercher le faible Pharaon non loin des
murs de fa capitale. Cependant l'approche
du danger avait réveillé l'ame engourdie
du Monarque; il fe mit à la tête d'une
armée, raffemblée à la hâte, mais qui
aurait été formidable, fi elle avait connu
une patrie, & il y eut une bataille qui
décida du fort de la Monarchie.

Cette bataille (ainfi que nous l'avons
déja dit dans l'hiftoire des Perfes) fut
précédée par un trait de barbarie qui
peint bien les mœurs militaires de ces
tems-là; les Grecs, auxiliaires de l'E-
gypte, indignés de ce que Phanès avait
introduit une armée ennemie dans un
pays qu'il avait fait ferment de défendre, s'emparèrent des enfans de ce
transfuge, les conduifirent fur une émi-
nence entre les deux camps; & là, fous
les yeux de leur père, les égorgèrent, &
burent leur fang dans une coupe confacrée; Hérodote raconte tout cela de

ſang froid ; aucun cri ne s'élance de ſon ame indignée, contre ce feſtin de Cannibales ; il eſt probable que la coupe d'Atrée l'avait aguerri aux horreurs de ce genre.

Il ſemble qu'après de telles atrocités, le peuple qui s'y réſout doit vaincre ou périr ſur le champ de bataille. Les Grecs furent vaincus avec les Egyptiens, dont ils étaient auxiliaires, & ils craignirent de mourir. Ces hommes, à la fois lâches & féroces, ſe ſauvèrent dans leur patrie ; & ne pouvant ſe venger des Perſes que par leur plume infidèle, ils commencèrent dès-lors à les noircir aux yeux des générations, en corrompant les monumens de l'hiſtoire.

La victoire de Cambyſe entraîna la chûte de la Monarchie des Pharaons. Mais aucun des Ecrivains qui ont parlé de cette révolution, ne s'accorde ſur ſes détails. Ctéſias veut qu'Amaſis (qu'il nomme Amyrthée) fut amené, après la bataille, dans la tente de ſon vainqueur ;

qu'on lui fit grace de la vie, & qu'on se contenta de l'envoyer à Suze ; mais ce trait de clémence n'eft point dans le caractère du farouche fucceffeur de Cyrus. Nous verrons, par fon acharnement à perfécuter les Dieux de l'Egypte, auxquels il ne croyait pas, & à faire coûler un fang vil qui ne lui caufait aucun ombrage, qu'il n'était pas homme à épargner un Roi ennemi, dont la vie mettait un obftacle éternel à la fûreté de fa conquête.

Il paraît, par le témoignage de Manéthon & des Grecs, qu'Amafis ne vit point le défaftre de l'Egypte ; il venait de mourir, dit Hérodote, après un long règne, *paffé dans une félicité perpétuelle.* Le père de l'hiftoire mettait, fans doute, la félicité à ufurper un trône, & à y dormir, comme lui-même le rapporte du perfide fucceffeur d'Apriès.

Il paraît, par la chronologie du Prêtre d'Héliopolis, la feule authentique pour la Monarchie des Pharaons, qu'Amaſis , après avoir joui quarante-quatre ans de la couronne qu'il avait uſurpée, mourut dans ſon lit l'année de la priſe de Péluſe par Cambyſe , qui répond à l'an 1704 de l'Ere de Calliſthène.

Pſammachéritès , plus connu ſous le nom de .Pſamménit , ſuccéda au titre des Pharaons, mais non à leur pouvoir ; car les Perſes dominaient alors dans l'Egypte ; ce fut lui qui haſarda , contre Cambyſe , la bataille qui décida du ſort de la Monarchie ; il la perdit , & fut contraint d'aller chercher un aſyle dans les murs de ſa capitale.

Pſamménit, au lieu de ſonger à ré-parer ſon déſaſtre, s'occupa à conſulter les Oracles , & à lire dans l'avenir. Le plus ſiniſtre des préſages qui vint l'ef-frayer , ſuivant Hérodote , c'eſt qu'il tomba quelques gouttes d'eau de l'at-moſphère toujours ſerein de la Thébaïde. Dès-lors le faible Monarque ſe crut perdu ; il vit clairement que l'Ordon-nateur des mondes , en faiſant tomber

de la pluie fur des fables embrafés, déclarait que l'héritage des Pharaons était
transféré à la maifon de Cyrus.

Cependant Cambyfe fuivait le Roi
fugitif ; arrivé devant Memphis, il
en forma le fiége ; avant d'exercer le
moindre acte d'hoftilité, ce Conquérant
fit remonter le Nil à un vaiffeau de Mi-
tylène, & y embarqua un héraut Perfe,
chargé d'engager Pfamménit à fe rendre
à fon vainqueur ; la garnifon de Memphis, qui ne favait pas combattre, mais
qui favait affaffiner, voyant arriver le
navire contre le courant du fleuve, s'en
faifit, le coula à fond, & égorgea in-
différemment les Perfes & les Grecs qui
le montaient ; cet attentat contre le
droit des gens, ne fit qu'accélérer la
prife de la métropole de l'Egypte; Cambyfe ordonna un affaut ; il entra dans
la ville l'épée à la main, & fit prifonnier Pfamménit avec toute la famille du
Pharaon.

Cambyfe, quoiqu'yvre de fang & de

carnage , dans le premier moment , fit obéir fa haine à fa politique , & épargna les habitans d'une ville qu'il avait prife d'affaut ; il fe contenta d'être le tyran des victimes royales qu'il avait entre fes mains.

Pfamménit (& je ne puis ici que remettre fous les yeux un tableau pathétique de l'hiftoire des Perfes), Pfamménit, dis-je, avait une fille célèbre par fa beauté & par fes graces ; des Rois l'avaient recherchée en mariage ; Cambyfe ordonna, que dégradée de fon rang, & vêtue en efclave, elle portât de l'eau dans fon Palais. Le tyran, par un rafinement de cruauté, eut foin de la faire paffer plufieurs fois fous les yeux de fon père, lorfqu'elle exécutait ce vil miniftère. Tous les prifonniers, à la vue de ce fpectacle, fondirent en larmes ; pour Pfamménit, il fe contenta de baiffer la tête.

L'impitoyable fils de Cyrus n'était pas fatisfait; il commanda qu'on fît défiler devant la prifon le fils de Pfamménit, l'héritier préfomptif de fa couronne , avec deux mille Egyptiens, tous la corde au col & un bâillon à la bouche ; on eut bien foin de déclarer qu'on conduifait toutes ces victimes à l'échaffaud, & Pfamménit fe contenta encore de baiffer la tête.

Quelques momens après , l'infortuné Roi, au travers des grilles de fon cachot, vit paffer un vieillard de fes amis , qui, après avoir été l'homme le plus opulent de fon pays , dépouillé de tout par les Perfes, était réduit à demander l'aumône à fes vainqueurs ; ce dernier fpectacle parut ôter à Pfamménit fa philofophie , on le vit répandre des larmes , fe meurtrir la tête & s'arracher les cheveux ; les fatellites de la prifon , chargés d'interpréter au tyran jufqu'au filence de fa victime , lui rapportèrent fidèlement tout ce qu'ils avaient vu ; Cambyfe , furpris du ftoïcifme de Pfamménit , à la vue de l'opprobre de fa fille , & des apprêts du

fupplice de fon fils, tandis que le malheur
d'un fimple vieillard , réduit à l'indi-
gence , allumait fon défefpoir , lui fit
demander le motif d'une fi étrange ·in-
conféquence. ,, Dites au fils de Cyrus,
,, répondit Pfamménit , que les grandes
,, douleurs ne pleurent point ; j'ai pu ver-
,, fer des larmes fur le malheur d'un vieil-
,, lard , qui ne m'intéreffe que parce que
,, je fuis homme ; mais mes yeux fe font
,, féchés & mon cœur s'eft flétri quand
,, j'ai vu , comme père , les défaftres de
,, ma famille ,,.

Cette réponfe touchante fit fon effet
fur les Perfes ; ils s'attendrirent fur la
deftinée du Roi captif , & Cambyfe
obligé , fans doute par politique , de
paraître généreux , ordonna qu'on allât
tirer de l'échaffaud le fils de Pfamménit ;
il n'était plus tems : le coup fatal avait
été porté ; au moment où l'Officier qui
portait la grace arriva , Pfamménit n'a-
vait plus de fils.

Cambyfe , pour confoler le père tendre

dont il avait fait les malheurs, adoucit
fa captivité, & lui donna même une
forte d'accès auprès de fa perfonne ; le
Roi d'Egypte, à qui ces frivoles ména-
gemens ne tenaient pas lieu d'un trône
qu'il avait perdu, & d'un fils qu'on lui
avait égorgé, tenta d'armer de nouveau
fes anciens fujets pour fa querelle ; le
complot fut découvert, avant qu'il parvînt à fa jufte maturité ; & Cambyfe, de
fang froid, fit empoifonner fa victime.

Pfamménit n'avait régné que fix mois ;
fa mort tragique, qui entraîna la réduction entière de l'Egypte, tomba la cinquième année de la tyrannie de Cambyfe, c'eft-à-dire, l'an 1705 de l'Ere
de Callifthène.

HISTOIRE

DÉSASTREUSE

DE L'ÉGYPTE,

*DEPUIS L'INVASION DE CAMBYSE,
JUSQU'A LA CONQUÊTE D'ALEXAN-
DRE (a).*

L'EMPOISONNEMENT de Pſamménic ne fut que le prélude des barbaries de Cambyſe. L'Egypte entière devint le repaire de ce tigre couronné. Son premier but en venant ravager la Monarchie des Pharaons, avait été de ſe venger d'Amaſis, qui lui avait envoyé,

(a) Ctéſias, *Biblioth. Phot.* cod. 72. Diod. Sicul. lib. 11. Thucyd. lib. 1. Hérod. lib. 7 & 8.

ſous le nom de ſa propre fille , celle d'Apriès , pour régner dans ſon Serrail ; mais une mort naturelle ayant dérobé ce Roi d'Egypte à la fureur de l'impitoyable fils de Cyrus , celui-ci pourſuivit ſa victime au-delà de la tombe ; il ſe rendit exprès à Saïs , où le Pharaon était inhumé ; & après avoir fait tirer ſa momie du monument où on l'avait renfermée , il ordonna qu'on la frappât de verges ; qu'on la perçât avec des aiguilles brûlantes , & qu'au défaut de tourmens , on épuiſât ſur elle tous les opprobres & toutes les ignominies. Quand le tyran s'apperçut que l'exécution laſſait juſqu'aux ſatellites de ſes vengeances , il fit jetter ce cadavre hideux & mutilé dans les flammes.

De Saïs , Cambyſe ſe rendit à Thèbes , & de-là il parvint à Memphis , faiſant ruiſſeler le ſang Egyptien ſur toute ſa route ; grand Seigneur ou homme du peuple , tout être vivant était pour lui une proie vers laquelle il s'élançait pour

la déchirer ; on fuyait par-tout fa préfence comme celle du Génie du mal ;
& le monftre, à la vue des villes aban-
données de leurs habitans, fe glorifiait
encore de ne régner que fur des déferts.

Cependant l'Egypte fe dépeuplait ;
les malheureux qui avaient échappé à la
mort fur le champ de bataille, la re-
trouvaient plus terrible encore fur les
échaffauds ; comme on ne rendait point
les honneurs funèbres à toutes ces victimes de la tyrannie, l'air infecté des
miafmes putrides qui s'élevaient de ces
cadavres fans fépulture , produifit une
horrible épidémie ; le fléau n'épargna
pas plus les conquérans que le peuple
fubjugué ; les Perfes tombaient à côté
des Egyptiens qu'ils venaient d'immoler,
& Cambyfe , craignant de manquer à
la fois de bourreaux & de victimes,
mena les débris de fon armée à la conquête de l'Ethyopie.

L'Ethyopie ne fut pas conquife, parce

que le fils de Cyrus eut à combattre &
la nature & des hommes. Il revint alors
en Egypte, la rage dans le sein. La
contagion commençait à s'affaiblir dans
cette contrée désolée. Cambyse parut,
& le fléau revint avec le carnage qui
l'avait causé.

Quand l'abominable fils de Cyrus fut
las de faire la guerre aux hommes, il
la fit aux Dieux. Un édit parut, qui
enjoignait aux Perses de mettre le feu
à tous les temples, comme si ce monstre
farouche avait voulu être le seul Dieu
de l'Egypte ; il paraît que l'édit ne fut
exécuté, que par rapport aux édifices sacrés, dont les richesses pouvaient tenter
la cupidité de leurs déprédateurs ; on
évalue à trois cents talents d'or & à
deux mille trois cents d'argent, c'est-à-
dire, à 33,584,891 livres de notre monnaie, les seuls lingots que les Perses
dérobèrent à l'incendie.

C'est à l'époque de ce renversement
de la religion Egyptienne, que Cam-

byfe s'occupa à violer les tombeaux des Pharaons. L'hiftoire lui attribue même en ce genre un crime impoffible ; car elle l'accufe d'avoir enlevé la fameufe couronne d'or du monument d'Oximandias ; couronne qui, fi elle avait exifté, vaudrait aujourd'hui plus de trois mille deux cents cinquante-fept millions, & avec laquelle il aurait acheté vingt fois l'Egypte, fi elle avait mérité de l'être.

Cambyfe, ainfi que nous l'avons dit dans la vie de ce tyran, ne s'en tint pas à tous ces actes de démence facrilége ; fon inquiétude naturelle l'ayant fait aller à Memphis, dans le tems où on faifait l'inauguration du dieu-bœuf, fi connu fous le nom d'Apis, il s'imagina que les fêtes qu'on célébrait dans cette ville, venaient de la joie qu'infpirait la nouvelle de fes défaftres; il fit arrêter les Magiftrats de Memphis, & les envoya tous au fupplice.

L'impitoyable fils de Cyrus ne tarda pas à être inftruit de la vraie caufe des réjouiſſances de l'Egypte, cependant il ne pleura point ſur le ſang des Magiſtrats de Memphis, que ſon iniquité avait fait répandre ; qu'eſt-ce, en effet, que le ſang de quelques eſclaves aux yeux de l'empoiſonneur des Rois ? Mais il fit venir les Prêtres d'Apis, leur dit qu'il voulait faire connaiſſance avec leur dieu-bœuf, & leur commanda de l'amener aux pieds de ſon trône. Les Prêtres, qui n'entendirent pas l'ironie cruelle de Cambyſe, amenèrent en pompe Apis au Palais ; mais à peine le Prince l'eut-il apperçu, qu'il s'élança ſur lui le poignard à la main, & lui fit, dans la cuiſſe, une bleſſure profonde, dont il alla expirer au pied de ſon autel.

Non content de ce trait de violence, qui lui aliénait tous les eſprits qu'il avait tant d'intérêt à regagner, il fit fuſtiger cruellement les Prêtres d'Apis, & ordonna qu'on maſſacrât, ſans autre forme de procès, tous les Egyptiens qu'on trouverait célébrant la fête du dieu qu'il venait d'égorger.

Le crime que la postérité a le moins pardonné à Cambyse, est d'avoir renversé ou mutilé tous les monumens que l'orgueil des Pharaons avait fait ériger par la main de leurs esclaves; & si les grandes pyramides échappèrent à la fureur du Despote, c'est que ces masses énormes, grace au ciment impénétrable qui en liait toutes les parties, formaient une espèce de rocher continu qui bravait le génie même de la destruction.

Toutes ces horreurs rendirent le nom Perse à jamais odieux aux Egyptiens. Voilà l'origine de toutes les révoltes que les successeurs de Cambyse eurent à punir; car jamais le nom sacré de patrie n'échauffa ce peuple dégradé & pusillanime; il ne s'arma que pour frapper ses oppresseurs, & non pour être libre.

Cambyse n'ayant plus de mal à faire en Egypte, se rendit en Perse pour en faire le théâtre de sa férocité; & afin de couronner son mépris pour la nation qu'il venait de subjuguer, il lui donna pour Gouverneur ce·même Combaph, dont la perfidie lui avait accéléré sa conquête.

Enfin l'Orient fut délivré du monftre couronné qui l'écrafait. Cambyfe, fans amis & prefque fans adulateurs,. s'ennuyant dans le palais des Rois de Babylone , voulut polir un morceau de cèdre avec fon cimeterre , & tira fi maladroitement le fer de fon fourreau , qu'il fe perça la cuiffe précifément à l'endroit où il avait frappé le bœuf Apis ; du moins les Egyptiens le contèrent ainfi à Hérodote. Le tyran, comme le dieu , mourut quelques jours après fa bleffure.

L'Egypte refpira un peu fous la théocratie modérée du Mage Sphendadate.

Elle perfévéra encore , dirai-je dans fa tranquillité, dirai-je dans fon inertie, les premières années du règne de Darius, fils d'Hyftafpe ; cet antique Royau-

me formait alors , avec Cyrène , Barca
& une partie des déferts Libyens , une
des plus belles Satrapies de la Perfe ;
on réfervait pour le tréfor-royal de Suze ,
la pêche du lac Mœris ; & outre plus
de fix cents talens qu'on tirait de la
nation , on la contraignait à nourrir la
gárnifon de Memphis , auffi bien que
cent vingt mille foldats qui gardaient
fes frontières.

La tyrannie des Gouverneurs de l'E-
gypte l'obligea à fe révolter fur la fin
du règne du premier Darius , & la rebellion ne s'appaifa que fous Xerxès ,
lorfque celui-ci envoya à Memphis fon
frère Achemène , fous le titre de Vice-
Roi.

Les fucceffeurs d'Achemène s'occupèrent plus à s'enrichir dans leur Satrapie , qu'à la pacifier ; auffi l'Egypte ,
pendant un grand nombre d'années ,
ne fut ni parfaitement libre , ni totalement dépendante ; elle murmurait tantôt avec éclat , tantôt dans la pouffière ;

mais de vains murmures, qu'une haine aveugle fait naître, font de faibles armes, quand il s'agit de rétablir l'équilibre entre les couronnes.

Un Etranger, fous le règne du premier Artaxerxe, fut le Spartacus de ce peuple d'efclaves ; cet étranger fe nommait INARE, & poffédait une petite Souveraineté dans la Libye ; il répandit adroitement, dans le pays qu'il voulait foulever, des germes de révolte , & quand il vit que les mécontens n'avaient plus befoin que d'un chef pour fe rendre formidables, il fe mit à leur tête, s'empara de Memphis , & du fein de cette capitale , brava toute la puiffance du Roi des Rois.

Malgré le courage d'Inare , le phantôme de puiffance qu'il élevait fur une bafe auffi fragile que celle du patriotifme Egyptien , ne pouvait durer long-tems ; fa politique le preffentit, & il eut recours à ces Grecs, qui, depuis les batailles mémorables de Platée & de Marathon, femblaient porter à la pointe de leurs épées, la deſtinée des empires d'Orient. Les Athéniens, qui ſe ſou-venaient encore de l'invaſion de Xerxès, profitèrent avec empreſſement de cette occaſion pour reſſerrer les limites de la Monarchie des Perſes; ils commencè-rent par détruire une flotte de cinquante vaiſſeaux qui couvrait les côtes de l'E-gypte ſur la Méditerranée; enſuite ils remontèrent le Nil, & s'uniſſant à Inare, ils l'aidèrent à ramener toutes les villes du Delta & de l'Heptanomide à l'indé-pendance.

Cependant la Perſe, qui s'était peu occupée à prévenir la révolte de l'E-gypte, ſongea à la punir. Artaxerxe leva une armée de quatre cents mille hommes, il y joignit une flotte de quatre-vingt vaiſſeaux, & plein de confiance en de pareilles forces, il chargea Achœ-ménide, ſon frère, de ramener les re-belles à leur devoir. Achœménide, qui connaiſſait plus la Cour d'un Deſpote qu'un champ-de-bataille, crut que fa préfence fuffirait pour réduire l'Egypte. À peine arrivé fur les rivages du Nil, ce Prince, avant de reconnaître l'ennnemi, lui préfenta le combat. Cette imprudence lui coûta cher. Inare, avec une poignée de Grecs, défit les quatre cents mille Perfes, & tua leur Général de fa propre main. Ctéfias croit que ce défaftre coûta cent mille hommes à Artaxerxe.

Les débris de l'armée vaincue fe fauvèrent à Memphis. Cette ville, la plus forte de l'Afrique, avait trois enceintes de murailles; les Egyptiens en firent le fiége, & fe rendirent aifément maîtres des deux premières enceintes; mais les Perfes, retranchés dans la ville intérieure, ne purent être forcés; on les tint bloqués pendant trois ans, fans pouvoir les contraindre à capituler, & au bout de ce terme, ils furent délivrés par une feconde armée d'Artaxerxe.

Ce fut Megabyfe qui fut chargé de venger la défaite des Perfes & la mort

d'Achœménide;

d'Achœménide ; il partit avec deux cents mille soldats, & quand il arriva en Egypte, son armée, grossie par les troupes auxiliaires & par la nombreuse garnison de Memphis, se trouva forte de cinq cents mille hommes. Il y eut une bataille décisive, où Inare, vaincu & blessé, fut obligé de prendre la fuite, & de chercher un asyle dans les murs de Byblos.

Cette Byblos, qu'il ne faut pas confondre avec la fameuse Byblos de Phénicie, patrie de Philon, était située dans une Isle de Prosopitis, formée par deux bras du Nil, tous deux navigables. Les Athéniens, qui servaient de troupes auxiliaires à Inare, mirent leur flotte dans un de ces bras, & fourinrent, dans l'Isle, un siége d'un an & demi contre les Perses. Mégabyse, désespérant d'entrer dans Byblos, l'épée à la main, & n'ayant pas le tems de la prendre par famine, eut recours au stratagême qui avait procuré à Cyrus la conquête de Babylone ; il saigna, par divers canaux, le bras du

Nil, où la flotte d'Athènes était à la rade, le mit à fec, & ouvrit par-là un paffage à fon armée, pour pénétrer jufques fous les murs de Byblos. Inare vit alors qu'il était perdu ; il capitula avec Mégabyfe, & fe rendit, à condition qu'on lui laifferait la vie ; pour les Athéniens, ils prirent une réfolution digne des héros des Thermopyles ; ils brûlèrent leur flotte, & formant un bataillon quarré, ils préfentèrent fièrement le combat aux Perfes. Le Général d'Artaxerxe, qui favait ce qu'il en avait coûté à Xerxès, pour réduire au défefpoir des hommes qui ne voulaient que vaincre ou mourir, prit le parti fage de les laiffer retourner dans leur patrie, & c'eft ainfi que, même dans leurs défaites, les Grecs prouvaient à leurs vainqueurs leur fupériorité.

La retraite des Athéniens, & la prife de Byblos, fit rentrer l'Egypte entière fous la domination de la Perfe.

Le malheureux Inare jouit pendant cinq ans du privilége de fa capitulation avec Mégabyſe. Au bout de cet intervalle, on fit entendre à Artaxerxe que la parole des Rois ne pouvait les enchaîner auprès d’un rebelle, & le libérateur de l’Egypte expira ſur trois croix.

De cette époque, juſqu’au commencement du règne du ſecond Artaxerxe, le joug reſta appeſanti ſur la tête des Egyptiens, ſans qu’aucun d’eux ſongeât à s’en délivrer. Mais les troubles de la Cour de Perſe, occaſionnés par l’ambition de Cyrus le jeune, ayant paru une occaſion favorable pour tenter une révolution, un deſcendant d’une des maiſons royales des Pharaons, nommé Amyrthée, ſortit, avec quelques troupes d’élite, des marécages du Delta, où il ſe tenait caché, tomba ſur les Perſes, qui gardaient les frontières, les défit, & ſe rendit peu-à-peu maître de toute l’Egypte, qu’il gouverna ſix ans en toute ſouveraineté (*a*).

(*a*) Je ſuis ici l’ordre des dates : car ſui-

Les Grecs placent à la suite d'Amyrthée, deux autres Pharaons, Pausiris
& Psammitique, qui ne se trouvent
point dans le catalogue du Prêtre d'Héliopolis ; mais leurs règnes, dénués de
faits (*a*), contredisent à la fois la raison
& la chronologie.

Néphéréitès, tige d'une dynastie de
Rois de Mendes, est le vrai successeur
d'Amyrthée. Ce Prince profita de l'inertie d'Artaxerxe, sous le ministère de
Parisatis, pour affermir sa couronne flot-
tante. Il se ligua avec Lacédémone, &
lui envoya une flotte de cent galères,
chargées de munitions & de soldats,

---

vant l'ordre des faits, cet évènement serait
antérieur de huit ans.

(*a*) On ne cite qu'un fait de Psammitique,
& c'est un assassinat. L'Egyptien Tamos, dé-
goûté du service de la Perse, était revenu dans
sa patrie jouir en paix de son opulence. Le
Pharaon le fit massacrer, & s'empara de tous
ses trésors. *Diod. Sicul.* lib. 14.

pour faire une guerre utile à la Perse.
Malheureusement les vaisseaux abordè-
rent à Rhodes, qui, trahissant la cause
de la Grèce, s'empara de l'armement
entier, & trompa ainsi l'espoir de La-
cedémone (*a*). Néphéréïtès ne resta que
six ans sur le trône des Pharaons.

ACHORIS, le second Roi de la dynas-
tié de Mendes, suivit le plan de politique de ses prédécesseurs, & se réunit
avec Evagoras, Roi de Chypre, pour
affaiblir la domination des Perses en
Europe. L'insulaire ayant été défait,
vint en Egypte pour réparer ses pertes;
mais le Pharaon, qui tremblait pour
lui-même, ne laissa enrôler aucun de
ses soldats, sous les drapeaux d'Evagoras; la terreur d'Achoris était fondée;
car les Perses faisaient les plus grands
préparatifs pour châtier les Egyptiens,
que malgré près de trente ans d'indé-
pendance, ils s'obstinaient toujours à

____

(*a*) *Justin.* lib. 6. *Oros.* lib. 3.

traiter de rebelles. Mais comme les succeſſeurs de Xerxès ne ſuppléerent jamais au génie militaire qui leur manquait, qu'en armant des millions d'hommes, ils perdirent un tems précieux à préparer leur deſcente en Egypte. Achoris vit pendant pluſieurs années ſe former l'orage, & mourut avant qu'il fondît ſur ſa tête.

PSAMMOUTIS, qui régna un an, & NÉPHOROTÈS quatre mois, eurent le tems encore, avant l'invaſion des Perſes, d'eſſayer ſur leur front la couronne de Séſoſtris.

C'eſt ſous NECTANÈBE I, tige de la trentième dynaſtie des Pharaons, que les Lieutenans d'Artaxerxe vinrent tenter la conquête de l'Egypte ; mais le nom Perſe était par-tout ſi odieux depuis l'invaſion de Cambyſe, que les eſclaves de Nectanèbe devinrent des héros, quand ils n'eurent à ſe défendre que contre leurs oppreſſeurs. La méſintelligence qui ſe mit entre Pharnabaze & les autres

Généraux qui devaient le seconder, ser-
vit encore à faire échouer l'entreprise
des ennemis de Nectanèbe. Enfin le Nil
étant venu à se déborder, avant que les
Perses se fussent ménagés des villes de
retraite, ceux-ci furent contraints de se
retirer en Asie, & l'Egypte se trouva
délivrée tout-à-fait de la race odieuse
de ses déprédateurs (*a*).

Nectanèbe, depuis cet évènement,
augmenta beaucoup sa puissance. Son
alliance fut recherchée même par les
Républiques de la Grèce, & Agésilas,
Roi de Sparte, vint en personne à Memphis, le faire entrer dans une ligue, contre
les Thébains, qui menaçaient la liberté
de sa patrie (*b*). Nectanèbe mourut, con-
sidéré de ses voisins, après un règne de
dix-huit ans.

Téos, que les Grecs nomment

______

(*a*) Diod. Sicul. lib. 15. Cornel. Nep. *in*
Iphicrate.
(*b*) Plutarch. *in vita Agésil.*

Tachos, n'eut ni la prudence, ni les succès de Nectanèbe ; les Grecs lui avaient envoyé Agésilas, avec des troupes consommées dans l'art de la guerre, pour l'aider dans l'expédition qu'il méditait contre la Perse ; mais comme ce fameux Roi de Sparte était d'une taille peu avantageuse, le Pharaon se prévint contre lui, blessa sa fierté en lui préférant l'Athénien Chabrias, & telle fut l'origine de ses malheurs. A peine ce Prince touchait-il aux frontières de la Phénicie, qu'il se proposait de subjuguer, que l'Egypte se révolta, & donna sa couronne à un second Nectanèbe. Agésilas profita de cet évènement, qui sauvait à sa vertu une vengeance odieuse ; il se déclara pour le rival de Téos, & celui-ci abandonné dans son camp par ses propres soldats, fut contraint de s'enfuir à travers les rochers de l'Arabie & d'aller demander un asyle au Roi de Perse (a).

____

(a) Plutarch. *in vita Agesil.* Diod. Sicul. lib. 15.

NECTANÈBE II. était à peine affis fur
le trône des Pharaons, qu'un mécontent vint, à la tête de cent mille hommes, le lui difputer. Agéfilas lui con-
feilla de fondre fur les rebelles, avant
qu'ils euffent le tems de fe former dans
la difcipline militaire; mais le nouveau
Roi crut ce confeil infidieux de la part
d'un étranger qui venait de trahir Téos,
& il le dédaigna. L'évènement juftifia
bientôt le preffentiment du héros Spar-
tiate; Nectanèbe fut battu par fon rival,
& contraint de fe renfermer dans une
de fes métropoles, dont le vainqueur
fit le fiége. Les malheurs du Pharaon
lui ouvrirent les yeux fur les talens d'A-
géfilas; ce dernier fut chargé feul de
la défenfe de l'Egypte; alors la fortune
changea; les rebelles furent battus, leur
chef fait prifonnier, & Nectanèbe ren-
tra dans Memphis plus puiffant que jamais.

Agéfilas, quelque tems après, quitta
l'Egypte, & cet Etat mal affermi fur

fa bafe, connut le fecret de fa faibleffe. Les Phéniciens, à cette époque, s'étaient révoltés contre les Perfes, & Nectanèbe avait envoyé à leur fecours Mentor de Rhodes, avec quatre mille Grecs, dernier rempart de fa Monarchie. Ochus punit les rebelles, par le maffacre de cent mille hommes & l'incendie de Si-don, leur capitale ; enfuite il tourna fes armes victorieufes contre Nectanèbe. Trois armées ennemies parurent à la fois en Egypte ; l'une, commandée par le Thébain Lacharès, fit le fiége de Pé-lufe ; la feconde, fous les ordres de Nicoftrate, s'embarqua fur la flotte des Perfes, remonta le Nil, & fe retrancha dans un pofte avantageux, d'où elle menaçait les métropoles du Delta & de l'Heptanomide. La dernière, dont Mentor de Rhodes, l'ancien allié des Pharaons, dirigeait les mouvemens, était deftinée à réparer les fautes des deux autres Généraux, ou à tirer le plus grand parti de leur victoire. Les efclaves dé-

gradés de Nectanèbe, ne se défendirent
nulle part ; un corps de troupes auxiliaires à la solde des Egyptiens, ayant
été battu par Nicostrate, le Pharaon
allarmé abandonna ses lignes, & vint
protéger sa capitale ; alors la garnison
de Péluse, qui vit que sa résistance
serait mal secondée, capitula avec Lacharès & lui rendit la place. De son
côté, Mentor de Rhodes, profitant de
la liberté des passages, pénétra dans le
Delta, annonçant adroitement par-tout
où il campait, que ceux qui se rendraient
à Ochus jouiraient d'une amnistie en-
rière, mais qu'on passerait au fil de l'é-
pée tout ce qui tenterait de se défendre. Les Egyptiens Grecs & les Egyptiens naturels profitèrent à l'envi de cette
ouverture, & allèrent au-devant du joug
des Perses. Le timide Nectanèbe, sur
le point de se voir sans sujets, n'atten-
dit pas l'entière soumission du Delta ;
il emporta de Memphis une partie de
son trésor, & s'enfuit en Ethyopie.

Cette révolution, qui coûta fi peu aux Conquérans, fut long-tems fatale aux Egyptiens, qui avaient eu la faiblesse de se fier à la parole royale du Despote de la Perse. Ochus, malgré les capitulations faites avec ses Lieutenans, traita l'Egypte entière comme une ville prise d'assaut ; il fit couler à torrents le sang le plus précieux comme le sang le plus vil ; & quand on lui dit qu'en cela il imitait Cambyse, il en tira gloire, & se crut un grand homme.

Lorsqu'Ochus fut las de faire la guerre aux hommes, il la fit aux Dieux ; les temples de l'Egypte à sa voix furent mis en cendre, & ses Prêtres égorgés aux pieds des idoles impuissantes qu'ils tenaient embrassées. Le tyran couronna ses sacriléges par l'assassinat d'Apis. Le dieu fut traîné par ses satellites hors de son sanctuaire, & offert en sacrifice à un âne ; ensuite pour insulter au désespoir de ses adorateurs, Ochus mangea publiquement le bœuf divinifé, avec les Officiers de fa maifon.

La conquête de l'Egypte par Ochus arriva l'an 1880 de l'Ere de Callifthène; mais comme Nectanèbe vivait encore, & qu'il remuait du fond de l'Ethyopie pour recouvrer la couronne de fes pères, cet Etat ne devint réellement une Satrapie de la Perfe que trois ans après, c'eft-à-dire, à la mort du Pharaon.

On fe doute bien que les Egyptiens, tyrannifés dans leurs villes qui ne leur appartenaient plus, & traités par leurs vainqueurs avec la froide barbarie fous laquelle gémiffaient les Ilotes à Lacédémone, foupiraient après une révolution. Le Conquérant, que ces infortunés appellaient, par leurs vœux fecrets, ne tarda pas à paraître. Alexandre vint venger l'Orient, écrafé pendant deux fiècles par les fucceffeurs de Cyrus (*a*).

(*a*) Plutarch. *in vita Alexandri.* Arrian. *de exped. Alexandr.* lib. 3. Quint. Curt. lib. 4.

A peine ce héros eut-il entamé la Perfe, par les victoires du Granique & d'Iffus, qu'il tourna du côté de l'Egypte, & fe préfenta devant Pélufe ; cette ville, la clef de l'Etat, ne fit aucune réfiftance. Alexandre y mit une garnifon Macédonienne ; enfuite il remonta le Nil fur fa flotte, fe rendit maître d'Héliopolis & de Memphis, & fit difparaître de la furface de l'Egypte cette légion d'oppreffeurs & de déprédateurs, foudoyés par les Defpotes de la Perfe, pour anéantir, s'il était poffible, tout ce qui reftait d'hommes dans la Monarchie des Pharaons.

Le Conquérant, pour faire aimer fon joug à fes nouveaux fujets, s'annonça à leurs yeux comme un autre Sabbacon ; il ne brûla aucune ville ; il ne détruifit aucun monument; il n'ôta la vie à perfonne ; il récompenfa jufqu'aux guerriers qui, par leur noble réfiftance, avaient retardé le cours de fes conquêtes, perfuadé que la valeur ne doit jamais être un crime , même pour l'ennemi à qui elle devient fatale.

Non content de ces traits de clémence, Alexandre, pour se rendre agréable à la multitude , par les moyens les plus capables de la captiver , plia un moment sa grande ame jusqu'à rendre hommage au culte absurde & pusillanime des Egyptiens. Il honora en particulier le taureau Apis, que Cambyse avait poignardé & qu'Ochus avait sacrifié à un âne ; trait de politique qui lui gagna les cœurs , encore plus que la modération dont il fit parade après sa victoire.

Le Conquérant termina son expédition par la fondation d'Alexandrie ; mais ce dernier évènement ne tient déja plus à l'histoire de l'Egypte sous les Pharaons ; il est lié aux annales du nouvel empire fondé par le héros de Macédoine , & il trouvera sa place, quand nous serons arrivés à cette branche de l'arbre généalogique des anciennes Monarchies.

La conquête de l'Egypte par Alexandre, eſt vraiment de l'an 1898 de l'Ere de Calliſthène ; mais comme cet Etat ne devint une province du grand empire Macédonien, que lorſque le héros qui l'avait fondé, épouſa Statyra, fille de Darius, & ſe fit couronner Roi de Perſe, nous placerons dans nos faſtes cet évènement mémorable, quatre ans plus tard ; alors l'époque de la deſtruction de l'empire des Perſes, ſera la même que celle de la Monarchie des Pharaons.

DE LA RELIGION

DES

ÉGYPTIENS (*a*).

LE savant Jablonski, qui a semé son Panthéon de tant de recherches profondes sur l'Egypte, & de tant de rêveries, dit à l'article *Phtha*, que l'antique habitant de Thèbes ou de Memphis, était un athée aussi odieux que Diagoras ; & au mot *Cneph*, il en fait un Théiste aussi éclairé que Socrate ou Marc-Aurèle. Quelque moderne que soit la Monarchie des Pharaons , en

______

(*a*) Hérod. *Euterpe*, ou lib. 2. Diod. Sicul. lib. 1. Plutarch. *de Iside & Osiride*. Jamblich. *de myster. Ægypt*. Pauli Ernesti Jablonski *Pantheon Ægyptiorum*. Kircher *Œdipus*, &c.

comparaison des grands empires de l'A-
fie , nous croyons que dans fon premier âge , elle crut à l'Ordonnateur des
mondes & à une ame immortelle , &
nous en demandons pardon au Minime
Merfenne & au Jéfuite Hardouin , qui
ont créé des athées avec autant de facilité , que Deucalion , après fon déluge,
créait des hommes.

Les anciens Egyptiens héritèrent des
Ethyopiens , colonie des Atlantes du
Cáucafe , l'idée d'une première caufe ,
& ils l'adorèrent fous le nom de Cneph,
ou plutôt fous celui de Phtha , qui , en
Copte , fignifie *l'Etre qui a tout fait &
tout ordonné* (a). Voilà prefque la feule
vérité qu'on puiffe clairement apperce-
voir , dans la nuit profonde de leurs hyéroglyphes & de leurs allégories.

Cet Etre fuprême qui vivifie la nature , ne tarda pas à être confondu avec

---

(a) Eufeb. *Præpar. Evangel.* lib. 3 , cap. 5.

la nature même par un peuple neuf *
qui ne s'apperçoit qu'il a une raison que
parce qu'il a des fens ; la célèbre Ifis
eft cette nature perfonnifiée ; Plutarque
nous a confervé l'infcription fublime
qu'on avait gravée fur la bafe de fa
ftatue : *Je fuis tout ce qui a été, tout
ce qui eft, & tout ce qui fera, & nul
mortel n'a encore levé le voile qui me
couvre.* Affurément à cette époque la
religion Egyptienne n'était pas dégradée.
Les hommes qui adoraient le Phtha,
& qui défignaient fi bien la nature,
ne fervaient pas de Miniftres au taureau Apis, & ne propofaient pas à
leurs profélytes le culte des oignons facrés & des crocodiles.

Au refte, lors même que le culte antique de l'Egypte fe corrompit en s'a-
malgamant avec toutes les fuperftitions
du globe, le théifme fut toujours le
principe des fameux myftères d'Ifis ; on
ne ceffa point d'y annoncer l'unité d'un
dieu, défigné tantôt fous le nom de

Cneph, tantôt ſous celui de Phtha ;
& ſouvent ſous celui de Démiurgos ;
on y prouva en tout tems l'immortalité de l'ame & la néceſſité d'une morale pour faire le bonheur de la terre.
Ces dogmes éternels de la nature s'al-
térèrent très-peu en paſſant par la bouche des Hiérophantes ; & du tems d'A-
pulée on ouvrait encore les myſtères
d'Iſis par cette hymne que j'ai oſé traduire.

En vain Démiurgos, tu voiles ton eſſence,
Tout être reconnaît ta loi ;
Le tems même n'a pu te donner la naiſſance,
Et l'univers la tient de toi.
Tu gouvernes les dieux que le vulgaire adore ;
Tu rends le ciel nébuleux ou ſerein ;
C'eſt par toi qu'au printems la terre ſe colore,
En qu'en hyver tout périt dans ſon ſein.
L'enfer voit à tes pieds expirer ſon audace,
Et ces globes de feu qui roulent dans l'eſpace,
Pour commencer leur cours, s'élancent de ta
main.

Le second pas que la religion Egyptienne fit vers sa dégradation, c'est lorsqu'on substitua au culte de la nature
personnifiée, celui des astres brillants
qui la décorent ; au reste, ce délire
d'une piété sauvage fut l'ouvrage de la
reconnaissance.

Lorsque la Thébaïde sortit du sein
des eaux, le soleil seul put vivifier cette
région nouvelle, en desséchant ses marécages & en épurant son atmosphère ;
ce service lui valut son apothéose.

Les Egyptiens, éblouis par l'éclat de
l'astre de la lumière, furent quelque
tems à ne voir que lui dans le ciel ;
aussi ils l'honorèrent sous toutes sortes
d'aspects. Son peu de force à l'équinoxe
d'automne lui fit donner le nom d'Horos, si célèbre par sa longue enfance.
Le grand Jupiter Ammon fut son type
à l'équinoxe du printems. Osiris, qui
conquiert le monde, le représenta au
solstice d'été, quand ses feux subjuguent
la terre, dont ils dévorent la surface ;

enfin on en fit le vieil Sérapis au folf-
tice d'hiver (*a*). Voilà le noyau des
fables dont l'Egypte enveloppa, dans la
fuite, fon ancienne théologie.

(*a*) Macrobe, qui était verfé dans les fecrets
de l'antique théologie, donne lieu à cette interprétation, par un texte qu'il faut rapporter
dans toute fon intégrité originale. *Hœ autem
ætatum diverfitates ad folem referuntur, ut par-
vulus videatur hyemali folftitio, qualem Ægyp-
tii proferunt ex adyto die certâ ; quod tunc
breviffimo die veluti parvus & infans videatur :
exinde autem procedentibus augmentis, æqui-
noxio vernali, fimiliter atque adolefcentis adi-
pifcitur vires figurâ que juvenis ornatur : poftea
ftatuitur ejus ætas pleniffimâ effigie barba folftitio æftivo ; quo tempore fummum fui con-
fequitur augmentum ; exinde per diminutiones
diérum veluti fenefcenti quartâ formâ deus figu-
ratur.* Voy. *Saturnal.* lib. 1, cap. 18. C'eft de
ce texte que font partis les Cuper & les Jablonski, & après eux les Pluche & tous les
enthoufiaftes de la fageffe Egyptienne, pour
faire de la religion des Charlatans facrés de
Memphis, un vafte champ d'allégories.

A mesure que l'horison des idées se
développa, celui du ciel parut s'étendre;
les habitans de la Thébaïde, qui avaient
besoin de l'astronomie élémentaire pour
devenir cultivateurs, découvrirent les
planètes, & peu-à-peu se laissèrent aller
à leur décerner un culte religieux. Ils
adorèrent la lune sous le nom d'Isis,
Mercure sous celui d'Anubis, & Vénus sous celui d'Athor ; ils mirent
Arès, ou Mars, dans le catalogue des
Dieux qui les avaient gouvernés avant
les Pharaons, & ils encensèrent jusqu'à
Sothis, qui leur représentait la Canicule.

Les Egyptiens, toujours dupes de leur
reconnaissance, après avoir déifié les
astres dont leur agriculture naissante
avait besoin, promenèrent leurs regards
sur la terre, & y rencontrèrent de nouveaux objets de culte ; le Nil, qui avait
créé le pays qu'ils habitaient, devint alors
une de leurs divinités tutélaires ; ils éri-
gèrent des autels à ce fleuve, & quand

ils le virent prêt à ravager, par ſes débordemens, le pays qu'il devait ferti-
liſer, ils l'appaisèrent à la façon des
ſauvages, c'eſt-à-dire, en noyant des
vierges.

Cette idée d'encenſer également un
fleuve, lorſqu'il fertiliſe les campagnes,
& lorſqu'il les dévaſte par ſes débordemens, avait ſa baſe dans le fameux
dogme des deux principes, qui a envahi
le monde, du moins dans ſon ſecond
âge.

Les Egyptiens achevèrent de conſacrer
ce dogme en naturaliſant chez eux, ſous
le nom de Typhon, l'Arimane de la
Perſe. Les fables ſacerdotales nous re-
préſentent ce mauvais génie occupé ſans
ceſſe à nuire à l'Egypte, déchaînant les
vents brûlants dans les plaines de la
Thébaïde, enveloppant d'exhalaiſons fé-
tides le terrein de Péluſe, faiſant naître
ſur la Méditerranée les trombes & les
orages. Ce Typhon, dans le ſyſtême
des Prêtres de Memphis, comme dans

la théologie des Perses, était subordonné
à l'Etre suprême ; mais ce que les premiers pouvaient seuls imaginer , c'est
que le bon principe frappa son rival de
la foudre , sur le mont Caucase , & que
celui-ci , à demi-brûlé , conrut à pied
jusqu'au lac Sirbon , où il fut submergé.
Le voyage n'est que de quatre cents
lieues.

Le culte de Typhon se perpétua en
Egypte depuis la naissance de la Monarchie des Pharaons , jusqu'à sa déca-
dence. On y croyait encore , sous les
Ptolémées , que le bruit du sistre suffisait pour éloigner ses fatales influences
(*a*) , & à l'approche de quelque fléau
que ce fût, les villes & les campagnes
retentissaient des sons barbares de cet
instrument ; on a dit que les mauvais
génies n'étaient formidables que pour
les enfans ; mais comme les Egyptiens

____

(*a*) Plutarch. *de Iside & Osiride.*

ne fortirent jamais de l'enfance, il n'eft
pas furprenant que le terrible Typhon
ait toujours eu chez eux un culte public & des autels, lors même que la
mémoire de l'Ordonnateur des mondes
ne femblait fe conferver que dans les
livres de quelques Philofophes.

On a cru que l'Egypte n'avait jamais
offert de culte public à des hommes
divinifés, mais c'eft une erreur. Hermès
& Ofiris ont eu chez cette nation pu-
fillanime, il eft vrai, mais reconnaif-
fante, les honneurs de l'apothéofe; fi elle
n'a pas encenfé d'autres momies royales,
c'eft que trouvant dans la plupart de fes
Souverains, des Defpotes qui les écra-
faient, elle fongea moins à honorer leur
mémoire, qu'à troubler l'afyle de leurs
tombeaux au fein des pyramides.

Et quand même l'hiftoire fe tairait
fur cette partie du culte Egyptien, la
philofophie viendrait fuppléer à fon filence. Il n'eft pas dans la nature que
le peuple qui vient d'adorer les aftres,

ſymboles de l'Etre ſuprême, ſe proſterne l'inſtant d'après devant des ſquelettes de quadrupèdes ; il y a entre ces deux actes religieux un intervalle que la ſuperſtition doit remplir ; cet intervalle eſt le culte des hommes, dont la reconnaiſſance publique a fait l'apothéoſe.

Enfin, après avoir cherché des dieux dans les aſtres qui l'éclairaient, dans le fleuve qui faiſait ſa richeſſe, dans les ombres des bons Princes qui l'avaient gouvernée, l'Egypte toujours inquiète dans ſa crédulité, ſe créa des génies tutélaires parmi les bêtes. Ce fait, tout étrange qu'il paraît, eſt conſacré par le témoignage de toute l'antiquité ; & quand on préfère la vérité à l'eſprit de ſyſtême, on ne tente point de l'expliquer par de frivoles allégories.

Boileau l'a dit, & Boileau avait plus raiſon que nos ingénieux ſophiſtes, quoiqu'il ne fût pas philoſophe.

. . . Cent fois la bête a vu l'homme hypocondre
Adorer le métal que lui-même il fit fondre ;

A vu dans un pays les timides mortels,
Trembler auprès d'un singe assis sur leurs autels,
Et sur les bords du Nil, les peuples imbécilles,
L'encensoir à la main, chercher les crocodiles.

Diodore qui avait la bonhommie de ne pas croire les Egyptiens tout-à-fait *imbécilles*, a donné la torture à son imagination, pour expliquer ce culte des dieux-bêtes. Voici son texte, qui, s'il ne nous éclaire pas sur le vrai caractère du peuple asservi aux Pharaons, nous fera connaître du moins dans quel esprit on a écrit son histoire (*a*).

„ Il est très-difficile d'assigner l'origine „ de cette foule de pratiques absurdes, „ qui ont déshonoré le culte Egyptien. „ Les Prêtres ont toujours gardé sur une „ pareille matière le plus profond silence; „ ce qui s'en est divulgué parmi la mul-

---

(*a*) Voyez *Diod. Sicul.* lib. 1, sect. 2, parag. 32.

» titude, peut fe réduire à trois fyftê-
» mes.

» Le premier me femble très-fabu-
» leux, & tient beaucoup de la fimpli-
» cité des premiers âges. Ses partifans
» difent que les dieux étant autrefois
» en très-petit nombre , & craignant
» d'être accablés par la foule des impies
» & des fcélérats , fe cachaient fous la
» forme de divers animaux , pour échap-
» per à leur pourfuite. Dans la fuite ,
» ces dieux fe rendirent les maîtres du
» monde , & par reconnaiffance pour
» les animaux dont la reffemblance les
» avait fauvés , ils fe les confacrèrent,
» chargeant les Miniftres de leur culte
» de les nourrir avec foin , & de leur
» faire de pompenfes funérailles.

» Il y a une feconde opinion fur ces
» apothéofes. On dit que les Egyptiens,
» au premier âge de leur Monarchie ,
» combattant fans ordre , & défaits fans
» ceffe par leurs ennemis , imaginèrent
» enfin des étendarts pour fe reconnaître

» dans la mêlée. Ces étendarts étaient
» chargés de figures d'animaux, & on
» les portait fuspendus au haut d'une
» pique ; comme depuis ce premier pas
» vers la perfection de l'art militaire ,
» les Egyptiens remportèrent fouvent des
» victoires, ils en attribuèrent l'honneur
» aux animaux deffinés fur leurs éten-
» darts, & de ce moment ils défendi-
» rent de les tuer, & ordonnèrent mê-
» me qu'on leur décernât un culte reli-
» gieux.

 » Le dernier fyftême dérive de l'uti-
» lité que l'homme retire de divers ani-
» maux pour les befoins de la vie. Le
» bœuf, qui rend la culture de la terre
» fi facile, a fait imaginer le culte d'A-
» pis. Le chien garde fes maîtres avec
» une fidélité admirable ; auffi on re-
» préfente Anubis avec une tête de
» chien, pour défigner le zèle avec le-
» quel ce dieu avait gardé les corps
» d'Ofiris & d'Ifis. . . . Le chat, fur
» les bords du Nil, écarte les afpics &

» quelques ferpens, dont la morfure eft
» vénimeufe. L'ichneumon caffe les œufs
» des crocodiles, uniquement pour les
» détruire, & il ne les mange pas;
» fans ce fervice que cet animal rend
» à l'Egypte, le fleuve qui l'arrofe fe-
» rait inacceffible à fes habitans, à
» caufe de l'exceffive population des
» crocodiles; fouvent auffi il les tue
» eux-mêmes par une rufe fingulière &
» qu'il eft difficile de croire. Pendant
» que le reptile formidable dort fur le
» rivage, la gueule entr'ouverte, il fe
» roule dans la fange, & s'élance en-
» fuite tout d'un coup dans fon corps;
» là, il dévore fes entrailles, & fort
» enfuite fans danger du ventre de l'a-
» nimal qu'il laiffe expirant. L'ibis, auffi
» utile que l'ichneumon, fait la guerre
» aux chenilles & aux fauterelles. Le
» faucon détruit les fcorpions & d'au-
» tres infectes non moins dangereux.
» On ajoute qu'une autre raifon du culte
» de cet oifeau de proie, c'eft que l'ob-

» fervation de fon vol conduit à de
» grandes découvertes dans l'art des
» arufpices. Une autre tradition veut
» qu'un faucon apporta autrefois aux
» Prêtres de la Thébaïde un livre facré,
» teint extérieurement en pourpre, &
» qui renfermait un code politique &
» des cérémonies. . . .

» Les habitans de Thèbes honorent
» l'aigle, parce qu'il eft le Roi des oi-
» feaux. Le bouc même a part à leurs
» hommages, parce qu'en qualité du
» plus lafcif des quadrupèdes, il repré-
» fente mieux la nature qui veille à la
» génération des êtres (*a*).

» Quoique les taureaux foient facrés
» à caufe d'Apis qu'ils défignent & des
» fervices qu'ils rendent à l'agriculture,
» il eft permis, quand ils font roux,

______

(*a*) Ma plume décente fe refufe à traduire
cette partie du texte de Diodore dans toute
fon intégrité.

» de les offrir en ſacrifice. Les Egyptiens
» en apportent pour motif que Typhon
» avait les cheveux de cette couleur ;
» ce Typhon, qui tua Oſiris par une
» perfidie digne de ſa ſcélérateſſe, &
» ſur qui Iſis vengea la mort de ſon
» époux. C'eſt en mémoire de ce
» même évènement, que les anciens
» Pharaons ſacrifiaient, ſur la tombe
» d'Oſiris, tous les hommes nés avec
» les cheveux roux. Les Egyptiens ſont
» rarement dans ce cas ; auſſi on ne
» voyait tomber que des étrangers ſous
» le couteau des Prêtres.

   » Les loups ſont adorés en Egypte
» à cauſe de leur reſſemblance avec les
» chiens ; en effet les deux eſpèces dif-
» fèrent peu, & on les voit s'accoupler
» ſans produire des monſtres. Quelques
» Ecrivains allèguent pourtant une cauſe
» plus myſtérieuſe pour expliquer ce
» culte. Ils diſent que dans la guerre
» contre Typhon, Oſiris revint du ſé-
» jour des morts, ſous la forme d'un

» loup, pour punir son assassin, & que
» Typhon ayant été tué, l'Egypte honora
» l'animal dont l'apparition avait procuré
» une si grande victoire. D'autres enfin
» soutiennent que les Ethyopiens venant
» subjuguer la Thébaïde, une armée de
» loups se présenta sur le passage des
» conquérants, & les mit en fuite près
» d'Eléphantis. Ce service signalé valut
» à ce quadrupède son apothéose.

» Nous avons déja assigné la cause
» de l'adoration des crocodiles. On sait
» que ce reptile terrible contribue à la
» sûreté de l'Egypte, en empêchant les
» brigands Arabes ou Libyens, de tra-
» verser le Nil pour dévaster le pays de
» Thèbes ou l'Heptanomide. »

» Il y a encore une tradition Egyp-
» tienne sur le culte des animaux, dont
» l'histoire peut être l'interprète. On dit
» que les premiers Pharaons essuyaient,
» de la part de leurs sujets, de fréquentes
» révoltes. Pour raffermir son trône chan-
» celant, un des plus sages songea à se-

» mer , parmi ſes peuples, des germes
» de diſſention. Dans cette penſée , il
» partagea ſon Royaume en diverſes Pro-
» vinces , & aſſigna à chacune, l'animal
» à qui elle devait offrir de l'encens , &
» le fruit auquel elle ne devait pas tou-
» cher. L'évènement juſtifia la politique
» du Prince. Un Egyptien mangeait le
» fruit ou l'animal que l'autre avait déifié;
» dès-lors ils ſe traitèrent mutuellement
» d'inſenſés ou de ſacriléges ; & occupés
» ſans ceſſe à ſe nuire , ils laiſsèrent le
» trône du Deſpote s'affermir ſur ſa baſe.

La plus vraiſemblable de toutes ces
traditions hiſtoriques , eſt celle qu'un
ſiècle philoſophique doit adopter. Je
n'aime point l'opinion que des drapeaux
chargés d'hyéroglyphes , ont fait naître le
culte des animaux , parce qu'elle ſuppoſe
un génie militaire , au peuple le plus faible & le plus lâche dont l'antiquité nous
ait conſervé la mémoire. Il faudrait encore moins s'arrêter à l'hypothèſe que les
dieux ont voulu conſacrer l'époque où

ils fe cachaient dans les corps des quadrupèdes. Il n'y a que les Poètes tels
qu'Ovide ou l'Ariofte qui aient droit de
faire croire aux Métamorphofes.

Les deux fyftêmes qui reftent peignent
très-bien la fuperftition Egyptienne &
l'atrocité du Gouvernement des Pharaons ; ils pourraient donc être vrais
tous deux, mais à diverfes époques ;
ainfi je conçois très-bien que l'Egyptien
primitif, n'ayant pas l'induftrie de détruire les reptiles & les infectes nés dans
la fange de fes marécages, porta le délire de la reconnaiffance jufqu'à divinifer
les animaux qui en épargnaient le foin
à fon inertie. Il me femble auffi que ce
culte étrange, une fois né en Egypte,
le Machiavélifme des Pharaons put tra-
vailler à y armer la crédulité contre la
crédulité, afin que les peuples, occupés
de leurs querelles religieufes, ne fon-
geaffent point à fecouer les fers dont ils
étaient chargés par leurs Defpotes.

Dès que le culte des bêtes fut introduit fur les rives du Nil, il s'y propagea avec activité. De forte qu'en peu de tems l'Egypte devint une ménagerie facrée, où le nombre des idoles furpaffa celui des adorateurs.

Je foupçonne que le finge fut un des premiers animaux honorés par les efclaves des Pharaons. Ce quadrumane n'eft point indigène à l'Egypte, mais il l'eft à l'Ethyopie, d'où elle a tiré fon culte, fes mœurs & fes loix. L'hiftoire fait mention des autels qu'on avait érigé à cette efpèce de Cynocéphale, dans la Babylone Egyptienne & à Hermopolis. Le culte de ce finge, qui a tant de rapport avec nous par l'organifation, a fait croire au Philofophe Porphyre, qu'on adorait, dans la Thébaïde, un homme vivant ; mais cette fuperftition, particulière à la religion des Lamas, eft étrangère à la Monarchie des Pharaons.

Parmi les animaux indigènes à l'Egypte, il n'y en a prefque point qui n'y ait été honoré d'un culte public. A cet égard, chaque ville avait sa bête tutélaire ; la belette était encensée à Thèbes ; la musaraigne à Athribis, le bouc à Mendes, l'ichneumon à Héracléopolis, & le chat dans toute l'Heptanomide.

Le loup était un des quadrupèdes Égyptiens qui trouvait le plus d'adorateurs ; les habitans de Lycopolis avaient porté l'attention pour cet étrange fétiche, au point d'arracher, dans toute l'étendue de leur Nome, une plante du genre des Aconits, qui empoisonne les loups. Cependant comme il y avait un grand nombre de troupeaux en Égypte que le dieu pouvait dévorer, il est probable qu'on renfermait dans les temples tous les loups qu'on pouvait rencontrer, afin de les empêcher de dévaster les campagnes.

Quand une fois les quadrupèdes sacrés étaient dans les temples, on ne se bornait pas à leur offrir un encens fri-

vole. Leurs Miniſtres leur rendaient tous
les ſervices qu'un Deſpote aurait exigés
du plus vil de ſes eſclaves ; ſuivant
Diodore, qui eſt entré à cet égard dans
les détails les plus minutieux, les premiers de l'Etat ne rougiſſaient pas d'aller
à la chaſſe, pour fournir du gibier toujours frais aux animaux carnaciers ; quant
aux animaux domeſtiques, on leur pré-
ſentait des tartes, paîtries dans du lait
& faites avec de la fleur de farine ; on
entretenait le luſtre de leur robe par
des bains aromatiques ; on étendait ſous
eux des tapis ſuperbes ; enfin on s'ab-
baiſſait juſqu'à leur chercher, à grands
frais, des femelles qui puſſent leur com-
poſer un ſerrail. Pour couronner tant de
pieuſes extravagances, la mort d'un bœuf
mettait toute l'Egypte en deuil, comme
ſi chaque père de famille avait perdu
ſon fils, ou le Souverain, l'héritier pré-
ſomptif de ſa couronne.

Les oiſeaux n'avaient pas moins de
chapelles ſur les bords du Nil, que les

quadrupèdes. L'aigle était encensée à Thèbes, la chouette à Saïs, la corneille près du lac Mœris, l'épervier à Hiéraconpolis, la cigogne, la hupe, l'ibis & le vautour, par-tout où il y avait de l'effronterie de la part des Prêtres, & de la crédulité de la part de la multitude.

Le culte du scarabée était un des plus étendus dans cette contrée, ouverte à tous les genres de démence & de superstitions (a). On en donne pour raison qu'il renfermait des propriétés augurales. On sait que les Prêtres en faisaient le symbole du soleil. Nos critiques les plus éclairés (b) croient que ce scarabée divi-

---

(a) On rencontrait sur les bords du Nil, dit un père de l'Eglise, un grand nombre d'édifices consacrés aux Scarabées. Voy. Arnob. *Adverf. Gent.* lib. 1.

(b) En particulier l'Auteur savant des *Recherches Philosophiques sur les Egyptiens.* Voy. tom. 2, pag. 125.

nifé eft notre grand fcarabée doré , connu fous le nom de cantharide ; en effet cet infecte femble couvert d'une lame d'or, & quand la lumière tombe directement fur les étuis de fes aîles, il paraît rayonner comme l'aftre du jour. On trouve des fcarabées fculptés en pierres fur des tombeaux de Pharaons , antérieurs aux pyramides.

Le phénix avait auffi un culte , quoique perfonne ne pût fe vanter d'avoir vu cet oifeau merveilleux ; mais c'était une tradition généralement répandue, que tous les cinq cents ans il partait de l'Arabie , portant fon père mort bien enveloppé dans des aromates, & qu'il venait l'enterrer à Héliopolis, dans le temple du Soleil. Hérodote s'eft cru en droit de déraifonner fur le phénix, parce que les Prêtres d'Egypte le lui avaient montré en peinture.

Les Egyptiens avaient rangé au nombre de leurs fétiches tous les poiffons dont leur régime diététique ne les empêchait pas de se nourrir ; ainsi la perche était en grande vénération à Lato-polis, la carpe à Lépidotum, le brochet à Oxyrinque, & le phagre dans cette Syene, célèbre par les carrières de granit, où l'on taillait les obélisques.

Nous avons parlé fort au long du crocodile dans l'histoire naturelle de l'E-gypte ; nous avons dit qu'une partie des habitans mangeaient cet amphybie, & que l'autre en faisait l'apothéose.

C'était sur-tout aux environs du lac Mœris, que la superstition sacerdotale avait établi le centre du culte des crocodiles. Il y en avait un, du tems de Strabon, qu'on avait réussi à apprivoiser dans le lac même. Le Voyageur philosophe alla le voir ; deux Ministres du dieu lui ouvrirent la gueule, l'un y mit un gâteau, & l'autre y versa du vin impunément ; après ce repas, le crocodile passa à l'autre bord, & y trouva d'autres Prêtres, qui, en présence encore de Strabon, lui présentèrent, fans péril, la même offrande (*a*).

Outre le culte public décerné au crocodile fur les bords du lac Mœris, cet amphybie terrible avait des temples dans quelques villes de l'Heptanomide. Là, on le préfentait à la vénération de la multitude, les ouïes chargées de pierres précieufes. A fa mort on l'embaumait, & fa momie était renfermée avec pompe dans la tombe des Pharaons.

C'eft dans le culte d'Apis que la fuperftition Egyptienne femble avoir épuifé tous les genres de démence. Le hafard avait voulu que vers le tems des premières dynafties, il naquit, dans l'Heptanomide, un taureau d'une forme extraordinaire, ayant la queue double, un nœud fur la langue figuré comme un efcarbot, le poil noir & des marques blanches fur le corps en forme de lune & d'étoiles. Ce ne furent pas les Phy-

_____

(a) *Geograph.* lib. **17.**

ſiciens qui s'emparèrent de ce merveilleux quadrupède, ce fut un Prêtre ; auſſi
au lieu de le ranger comme un monſtre
dans des cabinets d'hiſtoire naturelle,
on en fit un dieu, qui, grace aux four-
beries ambitieuſes de ſes Miniſtres, ſe
joua plus d'une fois de la deſtinée des
Pharaons.

Dès qu'on avait rencontré un Apis,
on ſéparait du parc la femelle qui l'a-
vait porté, & il ne lui était plus permis de ſe livrer au taureau. Le nouveau
dieu était enſuite conduit ſur un vaiſ-
ſeau décoré d'une niche dorée, pour le
tranſporter par le Nil à Memphis. Arrivé dans cette capitale de l'Egypte, le
bœuf diviniſé ſe logeait dans un temple
décoré de ſtatues coloſſales, en guiſe de
colomnes, & il ne ſortait de ſon aſyle,
que lorſque l'affluence des pélerins obli-
geait les Prêtres à le donner en ſpecta-
cle. Alors on le faiſait entrer en cérémonie dans une eſpèce de périſtyle en-
vironné de clair-voies, au travers deſ-

quelles la foule crédule venait admirer
fa majefté. Une fois l'an , on amenait
au dieu-bœuf une géniffe qu'il rendait
mère; mais comme elle mourait le même
jour , on ne tirait aucun parti de fa
fécondité.

L'anniverfaire de la naiffance d'Apis
occafionnait une fête dans toute l'Egypte,
qui durait fept jours ; on avait foin ,
dans cet intervalle , de jetter dans le
Nil , en l'honneur du dieu, des vafes
d'or & d'argent. Ce Talifman , fuivant
Hérodote , enchaînait la férocité des
crocodiles. Mais au huitième jour ces
amphybies fe remettaient à déchirer les
poiffons & à dévorer les hommes.

Apis , tout dieu qu'il était , n'avait
pas reçu de la nature le don de vivre
au-delà de fa carrière ordinaire ; mais
comme il eût paru indécent aux Prêtres de l'Egypte , d'adorer un être qui
paffait par tous les périodes de la cadu-
cité , ils avaient foin au bout de vingt-
cinq ans, de le noyer dans une fontaine

facrée (*a*). A l'inftant où le vieil Apis difparaiffait, un plus jeune prenait fa place ; ainfi le trône célefte n'était jamais vacant.

L'hiftoire ne cite que deux occafions où Apis mourut de mort violente ; c'eft lorfque Cambyfe, au retour de fa malheureufe expédition d'Ethyopie, voulant fe venger contre les dieux , du mal qu'il n'avait pu faire aux hommes, vint le poignarder dans fon temple; & lorfqu'Ochus , pour punir d'une manière plus fenfible encore, les vils adorateurs d'une divinité fi étrange , le fit offrir en facrifice à un âne. Le fuicide de Cambyfe & l'affaffinat d'Ochus, furent, dit-on, la punition de leurs facriléges, & l'arbre de la fuperftition acquit en Egypte de nouvelles racines.

Il paraît, par les monumens hiftoriques, que le culte d'Apis ne difparut

---

(*a*) *Ammian. Marcellin.* lib. 22.

tout-à-fait que sous le règne de Théodose. Or, comme suivant un des calculs les plus raisonnables, le premier bœuf divinisé avait été placé sur l'autel 1171 ans avant l'Ere vulgaire, il s'en suit que la succession de cette dynastie céleste dura quinze cents cinquante ans (*a*). Ainsi le culte d'un dieu-bœuf dura, en Egypte, plus que la Monarchie des Pharaons, & ce fait mérite d'être distingué dans l'histoire inépuisable des erreurs de l'esprit humain.

Les Savants, qui n'ont jamais vu l'Egypte qu'avec le prisme de leur enthousiasme, ne pouvant concilier l'histoire de cette contrée avec leurs rêveries d'Optimisme, ont souvent agité la question : Si Apis était vraiment révéré comme dieu, comme symbole, ou comme bœuf ; on leur a répondu que

______

(*a*) Voy. Jablonski, *Pantheon Ægyptior.* lib. 4, cap. 2.

ces trois espèces de culte pouvaient avoir été admis par les sujets des Pharaons ; qu'un petit nombre de sages voyaient en lui le symbole du soleil ; que les fanatiques croyaient Apis dieu, & que la multitude imbécille adorait le bœuf. Au reste, cette multitude a tant démérité de l'espèce humaine par ses mœurs, son éternelle servitude & sa crédulité, que quelque mal qu'on en dise, il est peut-être impossible de la calomnier.

Ma plume se fatigue à tracer le tableau des superstitions innombrables de cette Egypte, dont on a tant vanté la sagesse ; mais il importe aux hommes pour qui j'écris, de vaincre ma répugnance, & je rentre dans la carrière.

L'Egypte, après avoir changé ses temples en ménageries, pour épuiser le cercle de toutes les démences superstitieuses, s'avisa de déifier des arbres que son sol faisait naître, tels que le palmier & l'acacia, & une foule de plantes, dont les plus connues sont la nymphée, l'abfynthe, l'olyra, le papyrus, le pavot & l'oignon marin. Ce dernier végétal avait un culte public dans Péluse, qui attirait plus d'un pélerinage.

Les Egyptiens n'ayant plus de dieux à créer, finirent par adopter ceux de toutes les nations, mais en donnant toujours à ceux qui étaient indigènes, une forte de prééminence fur ceux qui n'étaient que naturalifés; un fait fingulier qui arriva fous les dernières dynafties des Pharaons, ne contribua pas peu à confolider cette étrange hyérarchie. Nous avons vu que les Chaldéens, propagateurs de tout tems de l'antique Ouranifme, n'élevaient des autels qu'au feu, fymbole de l'Ordonnateur des mondes. Leurs Mages, pour convaincre la terre de l'excellence de leur religion, ne manquaient pas, dès qu'ils pouvaient s'emparer de quelque divinité étrangère, de la jetter fur le feu facré qui la dévorait à l'inftant; ce qui, pour la multitude, défignait clairement fon impuiffance. Il y avait déja long-tems que le feu des Chaldéens paffait pour le dieu des dieux , comme le Souverain des Perfes pour le Roi des Rois , lorfqu'un Prêtre de Canope, qui adorait le fleuve du Nil , s'avifa de faire fculpter une ftatue qui repréfentait la déité Egyptienne, de la remplir d'eau intérieurement, & de ne fermer l'ouverture qu'avec de la cire ; les Mages , toujours préfomptueux , placèrent l'idole fur l'autel embrafé ; mais l'eau s'étant échappée de l'ouverture , éteignit le feu facré. Alors les Egyptiens remportèrent en triomphe le dieu de Canope , laiffant les Chaldéens convaincus que leur feu principe n'était qu'un dieu fubalterne (*a*).

Le délire de la fuperftition ne va point fans celui de la dépravation des mœurs. Auffi je ne crains point d'avancer que les Egyptiens , dont la fageffe femble

---

(*a*) Eusèbe *Hiftor. Ecclefiaft.* lib. 2 , cap. 26.

avoir paſſé en proverbe , furent en ce genre les plus abominables des hommes. Je n'oſe cependant ſouiller le texte de cette hiſtoire , par le récit des cérémonies infâmes que pratiquaient les femmes à l'inſtallation du dieu Apis , des proceſſions de Bubaſte & de Canope , où le Phallus était expoſé à la vénération publique ; des efforts des Bachantes de Mendes , pour ſe proſtituer à un bouc ſacré ou à un dieu crocodile (*a*). Il faut ceſſer de peindre la vérité , quand le tableau qu'elle préſente ne peut être deſſiné qu'avec les pinceaux de Pétrone ou de l'Aretin.

Le ſeul trait dont ma plume circonſpecte puiſſe tranſmettre la mémoire , eſt l'hiſtoire de la jeune vierge de Neith , qu'on conſacrait au Jupiter de Thèbes. Elle avait le droit de ſe proſtituer à

______

(*a*) *Diod. Sicul.* lib. 2. Plutarch. *de Iſide &* *Oſiridé* , &c.

tout le monde, jufqu'à ce qu'elle atteignît l'âge où elle pouvait devenir la concubine du dieu, c'eft-à-dire, des Prêtres effrenés qui le repréfentaient. Quand fes charmes commençaient à fe flétrir, les impofteurs facrés, qui en avaient abufé, la noyaient en cérémonie, toujours au nom de Jupiter.

Le temple d'Ifis paffait, fur-tout en Egypte, pour le centre du libertinage facerdotal. Auffi quand le culte de cette divinité Egyptienne fut apporté à Rome, les défordres dont il fut la caufe ou le prétexte, foulevèrent ces vieux Républicains que la pudeur de Lucrèce & de Virginie avait deux fois dérobés au joug de leurs tyrans; & malgré la tolérance de Rome pour les dieux étrangers, fur un Arrêt du Sénat, le temple d'Ifis fut renverfé.

Enfin, pour joindre tous les crimes à toutes les abfurdités, les Egyptiens furent fanatiques. Nous avons vu, dans l'hiftoire du Nil, tous les détails du

facrifice de la vierge de Neith. La dif-
pute qui s'éleva au fujet des brochets
facrés, entre les habitans d'Oxyrinque &
ceux de Cynopolis, dégénéra en une
guerre fanglante; & quand les habitans
de Tentyre ou d'Ombos, s'armèrent pour
venger l'honneur d'un crocodile, ils
finirent par tuer un incrédule & par
le manger.

Et comment les Egyptiens n'auraient-
ils pas été fanatiques, puifqu'ils étaient
environnés de dieux deftructeurs? Puifque Typhon, le génie du mal, avait
chez eux des autels; puifqu'ils offraient
de l'encens à ce tigre des rivières, qu'on
appelle crocodile!

Ce peuple abominable avait dénaturé
jufqu'au culte du pacifique Ofiris, fymbole du Soleil, en immolant des hommes roux dans fon fanctuaire? La religion avait confacré de pareilles horreurs,
dans les myftères d'une Junon qu'on
honorait fous la forme d'un vautour.
Tous les ans on choififfait trois victimes

humaines , marquées d'un sceau sacerdotal qui attestait qu'elles n'étaient souillées d'aucune tache ni physique ni morale ; on les brûlait vives , & on jettait leurs cendres au vent. Ces horribles sacrifices s'exécutaient les trois jours de la canicule (*a*).

Il n'y avait point de fêtes en Egypte qui ne portât l'empreinte de ces barbaries sacrées (*b*). On se frappait , on

---

(*a*) Porphyr. *de Abstinent*. lib. 2. Euseb. *Præpar. Evangel*. lib. 4. Plutarch. *de Iside & Osiride*.

(*b*) Hérodote fait le récit de trois fêtes Egyptiennes , & aucune d'elles n'est pacifique.

S'agit-il de célébrer la fête de Diane dans Bubaste ? Les dévots de l'un & de l'autre sexe entrent dans des bateaux & se promènent le long du Nil , en accablant d'injures tous ceux qu'ils rencontrent, au risque d'ensanglanter le fleuve , quand l'enthousiasme religieux qui domine l'offensé, n'est pas au même degré que celui de l'offenseur.

Lorsque les habitans de Busiris célèbrent la

fe mutilait, on s'égorgeait pour rendre le ciel propice. Les Prêtres & les Rois protégeaient ces meurtres pieux, parce qu'ils héritaient des victimes. L'animofité entre les fectaires de chaque culte était telle, qu'elle devenait héréditaire. On a obfervé, par exemple, que les filles de Bubafte, où l'on révérait le chat, n'époufaient jamais des garçons d'Athribis, où l'on adorait la mufaraigne. La haine religieufe devait être en-

---

fête d'Ifis, leur divinité tutélaire; ils ne fe bornent pas à de ftériles injures. *Les hommes & les femmes fe raffemblent en foule hors du temple, & fe battent pêle-mêle après le facrifice.*

La fête de Mars, dans Paprime, offre un fpectacle non moins étrange; des milliers d'hommes s'y préfentent armés de bâtons; les uns veulent faire entrer dans le temple le char fur lequel eft placé l'idole, les autres s'y oppofent; la mêlée s'engage, & les coups qu'on fe porte coûtent la vie à plus d'un profélyte. Voy. Hérod. *Euterpe* ou *lib.* 2.

core plus violente entre les Egyptiens qui fervaient à genoux le crocodile, & ceux qui mangeaient ce dieu à leurs repas.

Et qu'on ne dife pas que ce fanatifme, en Egypte, n'était qu'un abus des coutumes, toléré par la faibleffe du Gouvernement ; il y avait à cet égard des loix facerdotales non moins en vigueur que celles des Pharaons. ,, Si un Egyp- ,, tien, dit le père de l'hiftoire, tue à ,, deffein un animal facré, il eft puni ,, de mort ; fi c'eft par mégarde, il eft ,, obligé de fubir le châtiment qu'il plaît ,, au Prêtre de lui infliger ; mais lorf- ,, qu'il s'agit du meurtre d'un ibis ou ,, d'un épervier, foit que le hafard l'ait ,, caufé, foit qu'il ait été prémédité, ,, le malheureux qui en eft convaincu ,, eft néceffairement conduit au fuppli- ,, ce (a) ,,.

____

(a) *Euterpe* ou *lib.* 2.

La loi facerdotale eft moins défignée dans Diodore; mais l'effet du fanatifme y eft toujours le même, & c'eft en tranfcrivant le texte de cet Hiftorien, que je terminerai le tableau révoltant d'une religion de Cannibales.

» Si un Egyptien tue exprès une bête » confacrée, il lui en côute la vie ; » mais il y a une diftinction par rapport » aux chats & aux ichneumons ; c'eft » qu'un homme qui aurait fait périr un » de ces quadrupèdes, foit exprès, foit » par mégarde, eft faifi par le peuple » qui fe jette fur lui, qui le tourmente, » & qui finit d'ordinaire par le maffa- » crer; ce fanatifme a tellement force » de loi, qu'au tems de la Monarchie » des Ptolémées, à une époque où les » Rois d'Egypte avaient tant d'intérêt à » ménager l'amitié de Rome, un Ro- » main qui avait tué un chat fans def- » fein, fut affommé par la multitude » dans fa propre maifon, fans que les » gardes du Souverain puffent arrêter fa

» violence. J'ai moi-même été témoin
» de cette atrocité ; & si le fait paraît
» étrange, on fera bien plus furpris en-
» core d'apprendre que dans une famine
» dont l'Egypte était affligée, les habitans
» en vinrent jufqu'à fe manger les uns
» les autres, plutôt que de toucher aux
» animaux dont leur crédulité avait fait
» l'apothéofe (*a*) «.

Tel eft le peuple, dont les con-
temporains de Socrate allaient admirer
les lumières, & qui eft encore cité,
de nos jours, avec éloge par des hommes à tête ardente, qui juftifient tout
avec des allégories. Ayons le courage de
nous infcrire en faux contre le jugement
de l'enthoufiafme ; ofons, les faits en
main, avoir raifon fur vingt fiècles en-
taffés, qui ne prefcriront jamais, contre
la morale éternelle, la vérité & la
vertu.

(*a*) *Diod. Sicul.* lib. 1, fect. 2, parag. 31.

DU DOGME

DE

L'IMMORTALITÉ

ET DES MOMIES.

LE dogme de l'immortalité de l'ame, que l'Egypte tenait, par les Ethyopiens, des antiques propagateurs de l'Ouranisme, se dégrada aussi en passant dans cette Egypte, faite pour être le centre de toutes les superstitions qui avilissent la raison humaine. Hérodote qui, au reste, n'a vu l'Egypte que par les yeux de ses Prêtres, lui prête un système singulier, qui a quelque rapport avec la métempsycose : c'est que l'ame, au sortir du corps de l'homme, va animer celui d'un quadrupède ; ensuite celui d'un poisson,

& puis celui d'un oifeau , & qu'après avoir épuifé, dans fes tranfmigrations, tous les animaux de la terre & des eaux, elle revient, au bout de trente fiècles, vivifier fa momie (*a*).

Cette doctrine n'était pas uniforme dans tous les Colléges des Prêtres; une prière funèbre des Egyptiens, que Porphyre nous a confervée (*b*), prouve évidemment qu'une partie d'entr'eux ne croyait point à cette hypothèfe , & affurément fi tous les fujets des Pharaons s'étaient réunis à loger leurs ames, après leur mort, dans le corps des poiffons, des oifeaux & des quadrupèdes, ils n'auraient mangé , ainfi que les Indiens, ni poiffons, ni oifeaux, ni quadrupèdes, & les rives du Nil n'auraient été peuplées que de Frugivores.

Mais quelle que fût à cet égard la

____

(*a*) Hérod. *Euterpe* vel lib. 2.
(*b*) Voy. *de Abftinent.*

croyance des Egyptiens, il eſt toujours démontré qu'aucun d'eux ne penſait que tout finit avec la vie. Plutarque & les Ecrivains qui ont parlé de leur philoſophie en philoſophes, interprètent à cet égard leur doctrine, & la purgent de tout ſoupçon d'athéiſme. Suivant le Collége des Prêtres, qui n'admettait point la métempſycoſe, l'ame du juſte, ſans ſubir aucune tranſmigration, montait au ſéjour des dieux, & ne reſſuſcitait pas. Pour les ames de cette multitude d'êtres, ſans principes, qui avaient des crimes ou des erreurs à expier, elles allaient dans le purgatoire de l'Amenthès, & quand le rems de leur épreuve était expiré, elles venaient ranimer leurs anciens corps dans la tombe qui les renfermait. On voit, par cet expoſé, que le juſte devait peu s'inquiéter de ſa dépouille mortelle ; mais comme l'Etre ſuprème a d'autres balances que la conſcience de l'homme faible qui s'apprécie, tout le monde ſe faiſait

embaumer par précaution. Voilà pourquoi tout le territoire de l'Egypte était
rempli de momies.

Il paraît que les Egyptiens en conservant leurs cadavres dans leur intégrité,
voulaient épargner à l'esprit aërien, chargé
de les vivifier, la peine d'en rassembler
les élémens épars dans la matière ; voilà
pourquoi ils avaient tant d'horreur pour
certains genres de mort , comme de se
noyer, d'être dévoré par un crocodile
ou par un hippopotame.

Peut-être encore que le tourment d'être
enseveli dans le corps d'une bête féroce,
leur aurait paru tolérable ; car enfin en
embaumant le cadavre de la bête, ils
espéraient conserver celui de l'homme
qu'elle avait dévoré. Mais périr dans le
sein des eaux, avec la perspective d'une
lente putréfaction, qui rendait impossible la réunion de toutes les molécules
d'un corps organisé, était, suivant eux,
le dernier des désastres pour un être
raisonnable. Afin de le prévenir, le

Gouvernement avait établi, le long du Nil, de diſtance en diſtance, des còrps-de-gardes de Prêtres, chargés de pêcher les cadavres Egyptiens, & de les convertir en momies. Quant aux malheureux qui avaient la mer pour ſépulture, leurs ames couraient riſque de ne jamais obtenir les honneurs de la réſurrection; auſſi l'Egypte, depuis la naiſſance de la Monarchie, juſqu'à ſes derniers Pharaons, eut-elle toujours la mer en horreur, & les hommes d'Etat y négligèrent la navigation, pour reſpecter les fables ſacerdotales ſur l'immortalité.

Diodore nous a conſervé des détails aſſez curieux ſur la ſépulture des morts en Egypte & la façon d'embaumer leurs cadavres (*a*). » Il y a, dit-il, une claſſe » particulière d'hommes chargés d'enſe- » velir les morts. Dès que l'état de la

____

(*a*) Lib. 1, ſect. 2, par. 34.

» dépense est fixé, chacun des Officiers
» funéraires remplit le rôle qui lui est
» destiné. L'*Ecrivain* commence par tra-
» cer, sur le côté gauche du cadavre,
» l'endroit qu'il faut entrouvrir. Le *Cou-*
» *peur* vient ensuite, armé d'une pierre
» d'Ethyopie, avec laquelle il fait l'in-
» cision ; mais à peine son opération
» faite, il s'enfuit de toute sa force,
» parce que blesser, même un mort, est
» un crime en Egypte, & que les spec-
» tateurs se font un devoir de poursuivre
» à coups de pierres celui qui s'en rend
» coupable, comme ayant encouru la
» malédiction publique. Les *Embaumeurs*
» paraissent ensuite. Ce sont des Offi-
» ciers très-respectés ; car ils ont com-
» merce avec les Prêtres, & le sanctuaire
» des temples leur est ouvert. Ils s'assem-
» blent tous autour du cadavre qu'on
» vient d'ouvrir, & l'un d'eux introduit
» sa main par l'ouverture faite avec la
» pierre d'Ethyopie, & en tire tous les
» viscères, excepté les reins & le cœur ;

» un

» un autre les lave avec du vin de pal-
» mier & des liqueurs odoriférantes.
» Après ces préparatifs, on a coutume
» d'oindre le corps , pendant plus de
» trente jours, avec de la gomme de
» cèdre, de la myrhe , du cinnamome
» & d'autres parfums qui contribuent
» à le conserver pendant des siècles
» entiers dans son intégrité. Ils rendent
» alors aux parents le corps tellement
» revenu à sa première forme, que les
» poils mêmes des sourcils & des pau-
» pières sont conservés, & que le visage
» n'a point perdu sa physionomie «.

Hérodote ajoute à tous ces détails une
circonstance bien étrange : c'est qu'on
tiroit la cervelle du mort par les narines
avec des ferremens, & qu'on introdui-
soit des parfums à sa place (a). Il reste
à savoir comment les Egyptiens, si atten-
tifs à sauver à l'esprit igné, tous les em-

(a) *Euterpe* ou lib. 2.

barras de leur réfurrection, avaient con-
fenti à fouffrir une pareille opération fur
leurs cadavres, à moins qu'on ne fuppofe
qu'ils n'avaient aucune répugnance à reffufciter fans cervelle.

Quelle que fût l'opinion des Sages
de l'Egypte fur l'immortalité (car affurément la multitude n'en avait point),
tout le monde s'occupait de ce que
deviendrait fa dépouille mortelle ,
quand l'intelligence qui la vivifiait aurait fecoué fes entraves ; l'homme du
peuple oubliait de vivre pour s'acheter
un fépulchre. L'homme opulent , dans
l'yvreffe des feftins, n'imaginait rien de
plus gai, que de promener une momie
autour des convives , en répétant à chaque moment ce refrein : *Bois , manges ,
& livre-toi à la volupté , car tu reffem-
bleras à cette momie, quand tu ne feras
plus* (a).

(a) On fe doute bien qu'un fait auffi étrange
ne peut être que dans Hérodote, *loc. citat.*

Les Rois entraînés par le torrent de la crédulité populaire, femblaient auffi n'exifter que pour le tems où ils feraient dans la tombe. Ils bâtiffaient des laby-rinthes ; ils érigeaient des pyramides pour mettre leurs cadavres en fûreté contre les ravages du tems & la jaloufie des hommes : projet qui, malgré fon extra-vagance, a réuffi ; car nous avons des momies royales qui remontent au-delà de quatre mille ans. Il n'y a qu'une feule Monarchie fur le globe, qui puiffe le difputer en durée à ces momies.

En général les momies Egyptiennes reftaient dans les familles, & fe tranf-mettaient comme le plus précieux des héritages ; dans ce fens, on peut dire que l'Egypte entière était couverte de momies ; mais fi on s'arrête à celles des citoyens de la première claffe, qu'on renfermait dans des fépulcres particu-liers, on n'en trouvait que dans un feul canton fitué non loin de la capitale,

& connu fous le nom de la Plaine des Catacombes.

Une inftitution fage (la feule louable peut-être de ce peuple fans caractère , & la feule que nos Ecrivains n'ayent point louée) reftreignait ainfi l'ufage de convertir le fol de l'Egypte en cimetières. Il fut défendu , fuivant Platon , d'enterrer un homme par-tout où un arbre pouvait croître , & en effet la plaine des catombes n'eft qu'un défert de fables , rebelle à la culture , peut-être depuis le premier âge de la Monarchie.

Le Conful Maillet qui parcourut , au commencement de ce fiècle , cette plaine des catacombes , la décrivit auffi philofophiquement qu'il l'avait vue. Empruntons de fes Mémoires (*a*) les traits que peut réclamer une Hiftoire des Hommes.

(*a*) **Defcript.** *de l'Egypte* , tome 2 , lettre 7.

La plaine des catacombes eſt voiſine de celle des pyramides ; elle eſt circulaire & a environ douze lieues de circonférence. Son fonds eſt un rocher uni qui a été originairement couvert des flots de la mer, & qui eſt aujourd'hui caché ſous cinq ou ſix pieds de ſables que les vents y ont amoncelé.

Les Egyptiens, qui ſe tourmentaient pour obtenir, après leur mort, un phantôme de bonheur & de repos, prenaient les plus grandes précautions pour que leurs tombeaux ne fuſſent pas violés. Quand ils avaient choiſi, dans la plaine des catacombes, un aſyle favorable à leur deſſein, ils enfonçaient juſqu'au rocher une eſpèce de cuve ſans fonds : ils en vuidaient la capacité des ſables mouvants qui l'obſtruaient ; enſuite ils praꞇtiquaient, dans le rocher même, une ouverture d'un ou deux pieds de diamètre, juſqu'à la profondeur d'une toiſe ; au bout du canal, ils creuſaient un caveau, & quand l'édifice ſouterrein était

terminé , on y defcendait la momie.
Après quoi on refermait le tout par une
pierre , qui s'uniffait intimément aux
parois de l'ouverture.

Les Européens font defcendus mille
fois dans ces caveaux. Ils y ont trouvé
des niches fculptées en hauteur , où on
plaçait les momies de la famille à qui
appartenait le tombeau. Ces momies
reftaient debout dans des caiffes de
bois de fycomore , inacceffible à la cor-
ruption. Quelques-unes de ces enve-
loppes étaient doubles ; dans d'autres ,
il y avait des regards fermés avec une
matière tranfparente, qui permettaient de
diftinguer les traits de la momie , fans
avoir befoin d'ouvrir le cercueil.

Un autre moyen que les Artiftes Egyptiens avaient imaginé , pour conferver à
la poftérité la phyfionomie des momies,
était de leur couvrir le vifage d'un mafque
formé de plufieurs bandelettes de foie ,
fur lefquelles on deffinait le caractère de
la figure du mort ; cette efpèce de portrait

partageait l'immortalité des momies, & tandis que les images de nos premiers Rois ne se font conservées que dans les monumens de l'histoire, il y a des bourgeois de Memphis qui nous ont transmis la leur au bout de quarante siècles.

Il est probable que les Egyptiens doivent l'idée de leurs momies aux corps qu'ils trouvaient desséchés dans les sables brûlants des environs de Thèbes & de l'Heptanomide; on sait que dans les déserts de sables, le moindre tourbillon de vent qui s'élève, ensevelit le voyageur téméraire, & consume insensiblement l'intérieur du cadavre en conservant la charpente osseuse & la peau qui la couvre, dans toute leur intégrité.

Outre les momies humaines, les Egyptiens avaient des momies animales; ils embaumaient des bœufs, des crocodiles, & sur-tout des oiseaux (*a*), non pour

─────────

(*a*) Pockoke a vu lui-même les catacombes

faire des cabinets d'hiſtoire naturelle,
comme on pourrait l'attendre d'un peuple éclairé, mais pour décerner à ces
ſquelettes inſenſibles, les vains honneurs
de l'apothéoſe.

---

des oiſeaux. *Voyages en Orient*, liv. 1.
chap. 6.

HISTOIRE

PHILOSOPHIQUE

DU SACERDOCE

EN ÉGYPTE.

IL n'y a point d'Empire dans l'antiquité où les Prêtres ayent joué un plus grand rôle qu'en Egypte ; ils méritent d'occuper le burin de l'histoire encore plus que la plupart des Pharaons qui l'ont gouvernée, & presqu'autant que le fleuve qui la fertilise.

L'origine du Sacerdoce chez les Egyptiens, se confond avec celle du trône ; car les Dieux formèrent leur première dynastie, & ces Dieux-Rois eurent befoin de Miniftres facrés pour interpréter leurs oracles.

Ces Prêtres primitifs venaient de l'E-thyopie, car malgré les rêveries de la vanité Egyptienne, culte, gouvernement, mœurs, tout était Ethyopien dans la Monarchie des Pharaons.

La colonie facrée des inftituteurs du culte Egyptien, tira d'abord de fa métropole quelques reftes de l'Ouranifme, propagé autrefois le long de la chaîne des montagnes d'Afrique, par les Atlantes du Caucafe.

Mais une religion fi fimple, qui parlait au cœur encore plus qu'aux fens, n'était pas faite pour des hommes, qui n'avaient befoin du ciel, que pour gouverner la multitude.

Il eft probable que le culte de l'Ouranifme était déja dégradé par fon alliage avec une foule de fuperftitions hétérogènes, quand il fut porté en Egypte. On peut en juger par le defpotifme que les Prêtres de l'Ethyopie exerçaient fur ſes Rois. Nous avons vu, dans l'hiſtoire de la population de l'Afrique, que le Collége Sacerdotal de Méroë, quand il était mécontent du Prince qui gouvernait, lui faiſait ſignifier ſon Arrêt de mort de la part des Dieux, & que la ſtatue couronnée deſcendait du trône pour obéir. Il s'écoula même bien des ſiècles avant que le Monarque ſecouât le joug religieux & violât la loi du ſuicide.

Les Prêtres-Rois de Méroë ſont peut-être les ancêtres des Prêtres Ethyopiens; du moins ces derniers eurent l'eſprit des Théocrates de l'Ethyopie; comme eux, ils oppoſèrent l'encenſoir au ſceptre; comme eux, ils frappèrent de mort, au nom du ciel, le Monarque, dont la tête indocile, ſe refuſait au joug qu'ils voulaient lui impoſer.

Les Prêtres de Méroë étaient, en général plus inſtruits que les hommes à qui ils vendaient leurs oracles; on ſait qu'ils imaginèrent les hiéroglyphes, &

un alphabet fyllabique (*a*), différent de notre alphabet littéral, qui, malgré la lente dégradation des fiècles, femble s'être confervé aujourd'hui en Nubie & chez les Abyffins, dans toute fon intégrité.

La colonie facerdotale qui defcendit dans la Thébaïde, avait fans doute hérité de ces connaiffances; c'eft par cet afcendant que donnent les lumières fur une ignorance faible & crédule, que ces hommes audacieux crurent acquérir le droit de donner aux premiers Egyptiens des dieux & des Rois. Ce defpotifme, dans la civilifation des peuples, fait époque dans l'hiftoire.

Il eft certain qu'on ne connaît prefqu'aucune contrée fur le globe où les Prêtres n'aient été antérieurs aux loix; il n'y a point de nation, fe formant en corps de fociété, qui ait dit à un de fes

______

(*a*) Héliodor. *Æthyop.* lib. 4.

Membres : *Nous te conflituons Cenfeur des crimes fecrets , & Magiftrat de la morale.*

Les Miniftres des anciennes religions font partis de ce raifonnement pour fe croire fupérieurs aux chefs mêmes du corps politique qu'ils avaient vu naître ; ils fe font établis, pour ainfi dire , médiateurs entre le ciel & la terre ; ils ont cru que le droit qu'ils s'arrogeaient de faire parler les dieux , leur donnait celui de gouverner les hommes.

Quand on réfléchit dans le filence des préjugés fur l'inftitution de ce Sacerdoce , on ne peut s'empêcher de fentir que fon droit fur la croyance humaine vient , non de l'excellence de fon origine , mais de ce qu'on ne connaît pas cette origine.

Il faut être jufte. Les Prêtres Chaldéens , les Gymnofophiftes de l'Ethyopie , les Mages de la Perfe , les Théocrates de l'Egypte , ne furent pas tous des fourbes facrés , qui trafiquèrent de la crédulité humaine , pour enchaîner les peuples & les Rois; il y eut parmi eux un certain nombre de Sages qui ne profitèrent de leurs lumières que pour en étendre la ſphère, qui adoucirent les mœurs publiques, qui donnèrent à leurs concitoyens une agriculture & une aſtronomie; ceux-là vécurent dans une retraite paiſible & heureuſe, ſans ſe mêler des querelles du trône & du ſacerdoce; ce ſont eux que les Philoſophes de la Grece & de l'Orient vinrent viſiter, & il ne faut leur reprocher que d'avoir quelquefois, par un patriotiſme mal-entendu, falſifié leurs annales.

Mais il en eſt du ſacerdoce dans les fauſſes religions, comme du deſpotiſme dans les Monarchies. Pour un Sage qui fait ſervir la ſuperſtition ou le pouvoir abſolu au bonheur du peuple, il y a mille tyrans qui employent ces armes dangereuſes à la dévaſtation de la terre. Liſez l'hiſtoire des Deſpotes, & voyez pour un Sabbacon ou un Marc-Aurèle, combien il y a eu de Séſoſtris, de Cyrus, de Cambyſe, de Néron & d'Aurengzeb; parcourez les annales primitives du Sacerdoce, & jugez ſi quelques Sages de Méroë ou d'Héliopolis, peuvent entrer en parallèle avec cette foule de brigands ſacrés, qui ont trafiqué ſur les autels du ſang des hommes; avec ces Druides, qui brûlaient les Gaulois dans des paniers d'oſier, en l'honneur de Teutates; avec ces augures de Carthage, qui plaçaient les enfans de leurs ſuffètes dans les bras de la ſtatue embraſée de Saturne; avec ces Prêtres d'Egypte, qui ſacrifiaient les hommes roux ſur la tombe d'Oſiris; avec ces Gymnoſophiſtes d'Ethyopie, qui ſignifiaient à leurs Rois l'ordre de mourir; avec ces Mages de la Perſe, qui allaient écraſer leur pays du ſceptre & de l'encenſoir, ſi Darius, par un crime qu'il jugea néceſſaire, n'en avait fait une Saint-Barthelemy.

Ne nous écartons pas de l'Egypte, pour tracer le tableau des attentats du Sacerdoce. Dès que la Thébaïde eut des

Rois, elle eut auffi des Miniftres des autels, qui partagèrent avec eux les hommages de la nation. Les fucceffeurs de ces fuperbes Théocrates en tiraient gloire aux yeux des étrangers qui venaient les vifiter. Ils dirent à Hérodote que *pendant onze mille trois cents quarante ans, l'Egypte avait été foumife à trois cents quarante & une générations de Rois, & autant de générations de Pontifes* (*a*). On montra même à cet Hiftorien, dans un temple de Thèbes, les ftatues de tous ces Prêtres, rivaux des Rois, qui s'étaient confervées, tandis que le tems ou la haine des peuples, avaient fait juftice de la plupart des ftatues des Pharaons.

On peut juger de l'énorme pouvoir du corps facerdotal en Egypte, par l'incroyable quantité de temples & de chapelles, que la fuperftition des peuples

----

(*a*) *Euterpe*, vel lib. 2.

y avait érigés. Suivant un manuscrit Arabe, traduit d'après un ancien livre Copte, on en compta, pendant un tems, jusqu'à cinquante mille (*a*); ce qui supposerait, dans le calcul le plus modéré, une armée de deux cents mille Prêtres, qu'on pouvait opposer au trône, quand il voudrait établir dans l'État l'unité de puissance.

. Ce qui affermissait à jamais en Egypte le Sacerdoce sur sa base, c'est qu'il y possédait le tiers des terres (*b*). Dans

----

(*a*) *Descript. de l'Egypte* du Consul Maillet, tom. 2, pag. 154.

(*b*) Voici comment s'exprime à cet égard le judicieux Diodore : ,, L'Egypte était divisée ,, en trois parties ; la première appartenait au ,, Collége des Prêtres. . . Ceux-ci étaient tou- ,, jours attachés à la personne des Rois pour ,, les aider de leurs lumières ; ils leur décou- ,, vraient l'avenir, qu'ils connaissaient comme ,, Aruspices & comme Astrologues, & ils ti- ,, raient des annales sacrées les faits qui pou- ,, vaient leur servir d'exemples dans le grand l'origine de la Monarchie, les Prêtres avaient envahi ces poffeffions immenfes pour affermir leur autorité chancelante, perfuadés qu'à mefure qu'un Etat fe police, le citoyen riche fait toujours la loi à celui qui ne l'eft pas. Les lumières vinrent enfuite ; le trône lutta contre l'autel. Des Rois timides craignant d'abufer de leurs victoires, fe contentèrent de dépouiller les Prêtres de leur pouvoir & leur laifsèrent leurs richeffes. Alors les Prêtres adroits fe fervirent de leurs richeffes, pour recouvrer leur pouvoir ; & les tentatives des Pharaons, afin de reléguer les Miniftres des Dieux à l'ombre de leurs autels, ne fervirent qu'à faire couler, fans fruit, le fang des hommes.

” art de régner. D'ailleurs ils étaient exempts ” de toute charge, & ils fe trouvaient, par ” leur rang & leur crédit, les premiers de ” l'Etat après les Pharaons. La feconde partie ” de l'Egypte appartenait à fes Monarques, &c. Voy. lib. 1, fect. 2, parag. 24.

Héliopolis fut long-tems le centre de cette Puiſſance, rivale du trône. L'hiſtoire nous apprend que cette première capitale du Delta, était preſqu'uniquement habitée par les Miniſtres du Soleil. Ils s'y étaient bâti des Palais magnifiques, qui ne le cédaient en étendue & en recherches voluptueuſes, qu'à ceux des Rois. C'eſt-là qu'ils recevaient les étrangers qui accouraient en-foule de l'Aſie & de l'Europe, pour ſe faire initier dans les myſtères de leur doctrine; c'eſt-là qu'ils avaient établi le foyer de leur Machiavéliſme. Les Pharaons, ainſi que nous l'avons déja dit, alarmés de leur ambition, compoſaient, pour ainſi dire, avec elle, & ils faiſaient aſſeoir les Prêtres du Soleil ſur les marches du trône, afin qu'ils ne fuſſent pas tentés de le renverſer.

Thèbes, dès l'origine, avait eu un Collége Sacerdotal preſqu'auſſi formidable aux Pharaons que celui d'Héliopolis. Les troubles qu'il excita furent même le principe du démembrement de la Monarchie ; démembrement qui dura 1050 ans, suivant le canon d'Eratos-thène.

Lorsque la capitale de l'Egypte fut transférée à Memphis, les Prêtres y sui-virent les Rois ; c'est-là qu'ils imaginè-rent de consulter la bigarrure de la peau du dieu Apis, pour juger qui hériterait du trône (*a*) ; & quand le Monarque régnant se trouva un automate couronné, il est probable qu'il se laissa plus d'une fois désigner pour successeur, un autre que son fils, préférant alors au danger de déplaire au bœuf sacré, le crime de contrarier l'ordre de la nature.

Les Prêtres, en Egypte, étaient si accoutumés à gouverner, que quand ils marchaient en cérémonie, ils portaient un sceptre parfaitement égal à celui des

_____

(*a*) *Quibus signis judicant, qui sit ad succes-sionem idoneus.* Strab. *Geograph.* lib. 17.

Rois *(a)*, & ce sceptre, donné par les dieux, paraissait à un peuple imbécile, bien supérieur à celui des Pharaons, qu'ils ne tenaient que du hasard de la naissance.

On voit, par cet exposé, que le Sacerdoce formait, en Egypte, un corps parfaitement isolé, dont les intérêts étaient très-distincts de ceux des Monarques, & encore plus de ceux de la nation ; mais tout corps qui n'est pas dans l'Etat, est au-dessus de l'Etat. C'est un principe en politique d'une vérité éternelle ; aussi les Prêtres Egyptiens, tantôt firent des Rois, tantôt le furent euxmêmes, & le sang humain coula sans cesse au gré de leur Machiavélisme.

Cependant la raison, si elle avait pu faire entendre sa voix dans un pays aussi

(a) Sacerdotes Ægyptiorum & Æthyopum gerunt sceptrum in formam aratri factum, quo, Reges etiam utuntur. Voy. *Diod. Sicul.* lib. 4.

dégradé que l'Egypte, la raison, dis-je, criait par-tout que le Prêtre, dans toutes les religions amies de l'homme, ne doit être que le Cenfeur des mœurs, & l'expiateur des crimes ; & que fon autorité auffi pacifique que la morale dont il eft l'interprète, doit expirer, quand il s'agit d'aveugler les peuples & d'enchaîner les Rois.

Quand nous arriverons aux annales de la Grèce & de Rome, annales qui font celles de l'efprit humain, dans fa grandeur & dans fa maturité, nous verrons que les Miniftres des Dieux n'y eurent prefque jamais d'influence dans les affaires politiques. En effet, pourquoi des hommes qu'on fuppofe exempts de paffion, prendraient-ils part aux querelles fanglantes des Etats ? Où ferait donc la paix, fi quand la terre eft en proie à la difcorde, elle ne fe trouvait pas aux pieds des autels ?

J'ai rendu le Sacerdoce en Egypte

odieux ; mais cette haine ne saurait être trop motivée ; il faut prouver que ma plume, est entraînée par le torrent des faits, qu'aucune paffion ne m'égare , & que la haine que j'infpire contre des Théocrates turbulents, ne dérive que de mon enthoufiafme pour le bonheur des hommes & pour la vertu.

Les Théocrates de l'Egypte commencèrent à la troubler dès fa première dynaftie. C'eft fous Menès, la tige des Pharaons, qu'ils fe firent les Miniftres du culte atroce des crocodiles. C'eft vers la même époque qu'ils conftruifirent des machines hydrauliques dans les obélifques, pour prédire la hauteur future de l'accroiffement du Nil ; c'eft alors qu'ils commencèrent à faire réfonner la ftatue de Memnon, pour oppofer, dans l'occafion , au pouvoir des Rois , celui des Prophêtes.

Le culte d'Apis prend naiffance dans la feconde dynaftie ; dès-lors les Prêtres, fous prétexte de tirer des augures de la

couleur du dieu-bœuf, fe rendent maîtres de la fucceffion à la couronne.

Le Sacerdoce, pendant les quatre dynafties fuivantes, s'occupa en filence à
fapper les fondemens du trône; ce qui
lui fut d'autant plus aifé, que prefque
tous les Pharaons qui l'occupèrent, furent
des êtres fans caractère, excepté Nitocris, qui n'était, au refte, qu'une
femme, & l'athée Souphis, qui faifait
des livres contre les dieux, & qui bâ-
tiffait des pyramides.

Enfin, le torrent long-tems retenu
par une digue impérieufe, la rompit,
& les Prêtres, affis depuis tant de fiècles fur les marches du trône, tentèrent
d'y monter. Cet étrange évènement arriva après la fixième dynaftie, & ce
fut le Collége de Memphis qui donna
le fignal de la rebellion. La révolution
fe confomma de la façon dont elle avait
été imaginée. Les ufurpateurs facrés chan-
gèrent la conftitution de l'Etat, & créé-
rent des Souverains de vingt-quatre

heures. Par ce moyen, tous les membres du Collège Sacerdotal purent être Rois chacun à leur tour, & le despotisme ainsi enchaîné par lui-même, présenta au-dehors un visage moins destructeur. Malgré ces combinaisons de l'ambition la plus rafinée, l'Egypte s'effraya de voir les deux puissances réunies sur la même tête, & trois mois ne s'étaient pas encore écoulés, que la couronne retourna à ses Souverains légitimes.

Un feu caché couva encore entre le trône & l'autel, sous les trois dynasties suivantes; il est probable, par exemple, que les vingt-sept Pharaons de la huitième, ne furent pas toujours heureux dans leur lutte contre le Sacerdoce, car ils ne régnèrent entr'eux tous que 146 ans, tandis que dans l'ordre naturel des générations, leurs règnes réunis devaient se prolonger à environ cinq siècles.

Une seconde révolution s'opère en faveur des Prêtres, sous la onzième dynastie; & c'est Thèbes qui devient à

cet égard le foyer de la révolte. Les
Miniſtres de ſon temple de Jupiter pro-
fitent de l'extinction d'une famille royale,
& fondent, dans leur Collége, une dynaſtie de Souverains. Çomme le pouvoir
ſuprême, confié à des Monarques d'un
jour, n'a aucune énergie, les nouveaux
Théocrates, éclairés par les fautes de
leurs collègues de Memphis, étendent
à deux ans l'exercice de la royauté, &
ce n'eſt qu'après quarante-trois ans d'u-
ſurpation, qu'un deſcendant des anciens
Rois, voyant la Théocratie diviſée con-
tr'elle-même, vient la renverſer.

Les ſept Pharaons de la douzième
dynaſtie, ſont obligés de réſider dans
Thèbes, pour veiller de plus près l'ambition inquiète des Miniſtres de Jupiter ; mais à peine le dernier de ces
Princes eſt-il mort, que la Théocratie
reſſuſcite, & ſoixante Prêtres quittent
le ſervice des autels, pour étendre un
ſceptre d'airain ſur l'Egypte, pendant
cent quatre-vingt-quatre ans.

Il y a un vuide dans l'hiftoire de Manéthon, fur la dynaftie fuivante. La quinzième & la feizième font compofées de Rois étrangers qui font la conquête de l'Egypte ; il n'eft pas étonnant que dans cet intervalle, on ne voie jouer aucun rôle aux fucceffeurs des Prêtres-Rois de Memphis & de Diofpolis.

La dernière des dynafties, qui forme l'hiftoire conjecturale de l'Egypte, ramène fur la fcène une double race de Théocrates ; les uns fiégent à Thèbes, & gouvernent le centre de la Monarchie ; les autres, faible refte des étrangers qui l'avaient fubjuguée, réfident fur la frontière & y élèvent trône contre trône & autel contre autel. L'Egypte gémit pendant plus d'un fiècle & demi fous la tyrannie de ce double Sacerdoce.

Amos, tige de la dix-huitième dynaftie, renverfa les deux Théocraties collatérales ; il chaffa à jamais les Prêtres étrangers ; pour ceux de Thèbes, ne pouvant, du fein de Memphis, fa nouvelle capitale, furveiller lui-même leur ambition, il établit dans leur ville un Vice-Roi, à qui, comme je l'ai déja dit, il confia l'exercice du pouvoir fuprême, pour les accabler, en cas de trouble, de toute la majefté du trône. Cette politique réuffit dans un fens, en ce que les Prêtres, contenus par la préfence d'un Souverain, cefsèrent de remuer ; mais il en naquit un autre inconvénient dans l'ordre politique, c'eft que les Vice-Rois fecouèrent eux-mêmes le joug, & que Thèbes fe détacha de la Monarchie des Pharaons.

C'eft fous Amos, que les lumières commencèrent à percer dans la nuit profonde que l'erreur & l'ignorance avaient amenée fur l'Egypte. Les Grecs alors viennent vifiter les rivages du Nil ; ils ouvrent les yeux aux peuples qui les habitent, fur les crimes de la Théocratie, & l'hiftoire politique de la royauté eft liée moins immédiatement avec celle du Sacerdoce.

Les Prêtres Egyptiens , pendant les dix - sept premières dynasties , avaient fait servir le nom du ciel , pour envahir la terre qu'ils habitaient. Profitant même des intervalles où la crédulité du siècle leur avait permis de régner , ils avaient peu-à-peu renversé toutes les propriétés. Les biens-fonds qui n'entraient pas dans leur domaine sacré appartenaient au Roi ; de sorte que l'Egyptien qui n'était point né sur les marches du trône ou de l'autel , ne possédait rien. Séfostris , qui s'apperçut que l'opulence des Etats ne consiste pas dans les richesses qu'on entasse , mais dans celles qui circulent , rendit à ses sujets la propriété des terres , moyennant une redevance à son trésor. Ce grand sacrifice , une fois consommé de la part du trône , les Colléges de Théocrates ne purent se dispenser de rendre à la nation une partie de ce qu'ils avaient usurpé sur elle ; dès-lors le pouvoir des Prêtres diminua, avec les richesses qui leur avaient servi à l'acheter. Ce trait, le plus sage de l'administration de Séfostris, est le seul de la vie de ce Prince, dont l'histoire semble avoir dédaigné de faire l'éloge.

Depuis Séfostris, on voit quelques Prêtres sur le trône des Pharaons ; mais du moins ils n'y fondent point de dynastie.

Le Protée d'Hérodote, s'il a existé, était, par exemple, membre de quelque Collége Sacerdotal. On peut en juger par ses prédictions & encore plus par ses prestiges ; Diodore dit expressément que ce Prince lifait dans l'avenir, & qu'il avait la faculté de se transformer en feu, en arbre & en quadrupède (a). Il serait bien étrange qu'un Pharaon ordinaire eût eu besoin, pour

____

(a) *Hist. Univ.* lib. 1, sect. 2, parag. 14.

affermir fa couronne, de fe faire Prophête, & d'en impofer à la multitude, par de prétendues métamorphofes.

Les cent fix ans d'athéifme public, pendant lefquels, fuivant l'hiftoire fufpecte d'Hérodote, les temples de l'Egypte reftèrent fermés, ne furent pas favorables au Sacerdoce. Au refte, les deux Rois qui tentèrent de ravir le ciel à leurs efclaves, furent peut-être eux-mêmes des Prêtres. Perfonne n'était plus en état de fentir le néant des dieux Egyptiens, que ceux qui les avaient faits vils & féroces; & dans l'hiftoire des erreurs humaines, il n'y a qu'un pas entre rejetter l'Etre fuprême, & adorer des crocodiles.

Après la mort des deux athées couronnés, les temples fe rouvrirent, les oracles reparurent, & avec eux le crédit des Prêtres qui les faifaient parler. On peut citer, à cet égard, la fameufe fentence facerdotale, qui condamne le fage Mycerin à mourir, tandis que les tyrans atroces qui l'avaient précédé, avaient prolongé chacun leur carrière au-delà d'un demi-siècle. Si l'oracle fut accompli, il eſt plus que probable que les impoſteurs ſacrés qui l'avaient prononcé, aidèrent à ſon accompliſſement; après avoir proſcrit la tête du Prince, ils purent l'empoiſonner. Dans la théorie du fanatiſme, les crimes effrayent peu ceux qui s'y livrent, parce qu'ils en font naître d'autres qui les juſtifient.

Il fallait qu'à cette époque, le Sacerdoce fût devenu, par ſes attentats, odieux aux Pharaons, puiſque des hommes d'Etat conſeillèrent à l'immortel Sabbacon, de faire couper en deux tous les Prêtres, pour régner en paix ſur l'Egypte. Nous avons vu quel fut le dénouement de ce drame mémorable. Sabbacon crut que ſa perſonne déplaiſait aux dieux Egyptiens, puiſqu'ils voulaient le faire régner par des ſacriléges & des homicides; il abdiqua le pouvoir ſuprême, & alla mourir en Ethyopie.

La faibleſſe pieuſe de Sabbacon re-

vivifia le Sacerdoce ; le succeffeur de
ce Prince étant mort, on vit monter
fur le trône, un Prêtre de Vulcain ;
c'eft Séthon. Le nouveau Théocrate,
incapable de diffimuler avec des peuples
qu'il dédaignait, fe déclara l'ennemi né
de tout ce qui ne tenait point à la Théocratie ; il humilia les grands ; il dé-
pouilla les gens de guerre de leurs propriétés, & grace à l'inertie de la nation,
il vécut tranquille & mourut dans fon
lit.

Séthon eft le dernier Prêtre-Roi qui
ait gouverné la nation. Depuis cette
époque, le commerce de l'Egypte avec
la Grèce acheva d'éclairer les peuples fur
le Machiavélifme de leurs Théocrates ;
& ceux-ci fe voyant exclus du trône,
fe bornèrent à conferver leur empire
fur les efprits faibles, en fabriquant de
vains oracles, en multipliant les cultes
abfurdes, & en réduifant en principes
l'art ridicule des horofcopes.

L'unique influence que les Miniftres

d'Apis & des dieux crocodiles, eurent,
depuis Séthon, dans le Gouvernement
de l'Egypte , fut qu'ils contrarièrent les
Rois, dans tous les projets qu'ils imaginèrent, pour appeller les lumières;
c'eft ainfi qu'ils firent regarder comme
un crime , en politique , d'ouvrir les
ports de l'Etat aux vaiffeaux de la Grèce;
c'eft ainfi qu'à force d'oracles finiftres ,
ils firent avorter le plan du fameux canal de Néchao , qui devait unir la Méditerranée à la mer Rouge.

Cambyfe vint fubjuguer l'Egypte , &
punit , mais en tyran , les crimes du
Sacerdoce. On fait qu'il fit mettre le feu
aux temples du Delta ; qu'il poignarda
le dieu Apis , & qu'il profcrivit la tête
de fes Miniftres. Ochus , non moins
féroce , facrifia la première des divinités Egyptiennes à un âne , & ordonna
qu'on égorgeât les defcendans des antiques Théocrates , aux pieds des idoles
impuiffantes , qu'ils tenaient embraffées.
Ce dernier défaftre du Sacerdoce, rou-

che à l'époque où Alexandre anéantit
pour jamais la Monarchie des Pharaons.

Il ne faut pas s'imaginer que dans le
tems même de la plus grande puissance
des Prêtres Egyptiens, tous les Membres des Colléges sacrés fussent appellés
au Gouvernement. Ce privilége était
réservé à ceux qui habitaient les trois
métropoles, Memphis, Thèbes & Héliopolis. Les Prêtres des villes de Provinces, peu initiés dans les intrigues
des Cours, avec moins d'ambition, excitaient moins l'envie. Ces derniers se
partageaient en diverses hiérarchies, dont
les noms, traduits par les Grecs, faisaient allusion aux diverses branches de
superstitions qu'on les avait chargés de
cultiver.

Il y avait des *Comaftes*, qui présidaient aux feſtins sacrés ; des *Néocores*
& des *Paftophores*, chargés de veiller à
la décoration des temples ; des *Hyérogrammatiftes*, dont la fonction était d'imaginer & d'interpréter les hyéroglyphes.

Les Medecins, dans ce pays où il fallait être Prêtre, pour avoir quelques connaiſſances de phyſique, tenaient auſſi au Sacerdoce ; il en était de même des Artiſtes chargés d'embaumer les momies.

La première claſſe ſacerdotale après les Théocrates, était celle des Prophêtes. L'hiſtoire atteſte qu'ils préſidaient dans les Tribunaux de Magiſtrature ; il y eut même un tems où ils décidaient les cauſes ſans parler, en tournant ſimplement vers l'une des deux parties l'image de la vérité, qu'ils tenaient ſuſpendue.

Les premiers Prophêtes de l'Egypte, s'il en faut croire Platon, ne prophétiſèrent pas ; ils ſe contentèrent d'interpréter d'anciennes prophéties. Pour ceux des ſiècles poſtérieurs, ils montèrent ſur le trépied, comme les Sybilles ; ce ſont eux qu'on accuſe de s'être frottés le front & les yeux avec des réſines, pour forcer les eſprits vitaux à monter

en abondance vers la tête, & se procurer ainsi des visions & des extases.

La divination & toutes les branches
de superstitions qui en dépendent, sem-
blent indigènes aux pays chauds, où
les têtes plus exaltées, s'ouvrent plus
facilement à l'enthousiasme. Voilà pourquoi l'Egypte, de tems immémorial,
a été le centre des fabricateurs d'oracles,
des Aruspices & de tous les charlatans
sacrés qui ont fait métier de lire dans
l'avenir. On en voit encore aujourd'hui
dans cette région dégradée ; ils subsis-
tent, tandis que le trône a trente fois
changé de maîtres. Les Coptes, tout
Chrétiens qu'ils sont, les Musulmans,
malgré leur religion exclusive, vont les
consulter quand il s'élève des vents mal-
faisans, que la terre tremble, ou que
le Nil, dans ses débordemens, monte
à une hauteur contraire à l'agriculture.

Au reste, il y avait dans l'ancienne
Egypte, tant de façons de consulter l'a-
venir, que sans être initié dans les mys-

tères du Sacerdoce, chaque dévot pouvait devenir Prophète. Nous trouvons un fait de ce genre aſſez biſarre dans le voyage de Pauſanias. Les perſonnes, dit cet Ecrivain, qui venaient interroger Apis ſur leur future deſtinée, mettaient ſur ſon autel une pièce de monnaie, enſuite ils s'approchaient du bœuf déifié, pour lui expliquer leur demande ; après cette cérémonie, ils ſortaient du ſanctuaire ; ils ſe bouchaient les oreilles avec ſoin, & le premier mot qu'ils entendaient hors du temple, était la réponſe de l'oracle (*a*). On ſe doute bien qu'après l'évènement, le Néophyte donnait la torture à ſon imagination pour faire cadrer le mot avec le fait, car dans la théorie de la ſuperſtition, les oracles n'ont jamais tort ; c'eſt toujours celui qui les conſulte qui a mal entendu ou mal interprété.

(*a*) Pauſan. lib. 8.

Tous les Prêtres de l'Egypte , de quelque claſſe qu'ils fuſſent, reſſortaient à un des trois grands *Choniatims* , ou Colléges Sacerdotaux ; celui de Thèbes, où avait étudié Pithagore ; celui d'Héliopolis, où avait ſéjourné Platon , & celui de Memphis , qui paſſait pour avoir communiqué ſes lumières à Orphée , à Thalès & à Démocrite. Ces trois Choniatims tenaient leurs Etats à Thèbes ; chacun y députait dix de ſes Membres , ce qui formait le tribunal des trente , toujours préſidé par un Prophête.

La claſſe des Prêtres Egyptiens la plus reſpectable , celle qui ſe conſacrait à des travaux purement littéraires , était dans l'uſage de ſe retirer dans des ſouterreins, pour monter l'eſprit à la méditation. On cite un Pancrate , pour qui cette ſolitude profonde avait tant d'attraits, qu'il y reſta vingt-quatre ans ſans voir la lumière. Ce ſingulier Cénobite, au bout de ce terme, pouvait, à quelques égards juftifier la fable Grecque du réveil d'Epiménide.

Cet ufage de méditer fous terre, fit fans doute contracter aux Prêtres de l'Egypte, l'habitude de couvrir d'un voile impénétrable tout ce qu'ils croyaient favoir. Voilà peut-être l'origine de leur doctrine fecrette & de leurs hiéroglyphes.

C'eft encore de ces études dans des fouterrains, que font nés les myftères (*a*), la partie de l'hiftoire Egyptienne qui a le plus embarraffé les Savants & fait rêver les Philofophes.

L'origine des myftères fe perd dans la nuit des fiècles; car on les fait remonter, en Egypte, jufqu'au règne d'Ofiris (*b*). Orphée, de fon côté, les

______

(*a*) *Propheta Ægyptiorum . . . . fubeuntes interea facra fubterranea qua profundis illorum myfteriis velamento funt.* Voy. *Synefius*, pag. 73.

(*b*) Plutarch. *De Ifide & Ofiride.*

établit en Thrace, Zoroaftre en Perfe, Minos en Crète, Cyniras en Chypre, & Erectée dans Athènes ; par-tout ils étaient fondés fur le dogme de l'immortalité de l'ame, & fur-tout fur le principe de l'unité de Dieu ; on peut en juger par la prière des Prêtreffes d'Ifis, qui nous a été confervée par Apulée : prière qui fert à confondre les hommes attrabilaires, qui ont accufé indiftinctement tous.les Anciens du crime abfurde de polythéifme.

Les Egyptiens avaient les grands & les petits myftères. Les premiers étaient réfervés aux feuls Membres des Colléges facerdotaux ; avant que de facrer les Miniftres des Dieux, on les faifait paffer par diverfes épreuves deftinées à conftater leur zèle & leur ferveur. On les laiffait, par exemple, s'égarer dans les routes tortueufes d'un labyrinthe ténébreux, avant de leur montrer la lumière ; on cherchait à les effrayer en imitant, par des machines, le fracas du tonnerre. C'eft fans doute à ces terreurs paniques que Diodore fait allufion, quand il dit que l'initiation aux myftères du dieu Pan, conduifait les Egyptiens au Sacerdoce.

Ce tonnerre artificiel, cette explofion de lumière au fein des ténèbres, qui étonnèrent fi fort Apulée, quand il fe fit initier aux myftères d'Ifis, dans Corinthe (a), nous furprennent bien plus encore aujourd'hui, quand nous réfléchiffons que les Egyptiens furent les plus ignorans des hommes en phyfique & en méchanique. Un de nos Savants, qui a le plus mérité des Philofophes, a tenté d'expliquer ce phénomène, & voici l'analyfe de fes recherches (b).

» S'il était vrai, comme on l'a pré-
» tendu, que certains myftères fe célé-

(a) *Metamorph.* lib. xi.

(a) *Recherches philofophiques fur les Egyptiens*, tom. 1, pag. 323.

» braient dans quelques appartemens du
» labyrinthe, on pouvait aiſément y faire
» entendre des éclats ſemblables à ceux
» du tonnerre; Pline déclare que la réper-
» cuſſion de l'air ſuffiſait pour y produire
» un fracas épouvantable, quand on en
» ouvrait les portes (a).

» Si de l'Egypte on vient en Grèce,
» on ſoupçonne d'abord que le bruit
» qu'entendaient les initiés dans le tem-
» ple d'Eleuſis, venait de la voûte, que
» Vitruve ſuppoſe d'une grandeur ef-
» frayante (b). Il n'était pas difficile,
» en effet, de faire retentir cette partie
» de l'édifice, par le moyen des ma-
» chines; mais ſi l'on peut citer, dans
» une diſcuſſion hiſtorique, l'autorité
» d'un poëme, tel que l'enlèvement de
» Proſerpine, il eſt évident que ce bruit
» ſortait de quelque excavation prati-

(a) *Hiſtor. Natur.* lib. 36.
(b) *Præfat.* ad libr. VIII.

» quée fous le pavé du temple ; car
» Claudien , après avoir parlé des éclairs
» qu'on voyait briller dans le fein de
» la nuit , ajoute que le mugiffement
» terrible qui lui fuccédait , paraiffait
» partir des entrailles de la terre (*a*).

» Quoi qu'il en foit, les Machiniftes
» qui travaillaient à ces fpeɛtacles myf-
» térieux, ont dû être auffi embarraffés,
» pour faire un tonnerre fimulé, que
» pour bien copier les effets de la fou-
» dre ; car le comble du ridicule ferait
» de vouloir que ceux qui affiftaient
» aux myftères, ne voyaient & n'enten-
» daient rien de réel ; mais que leur
» imagination était frappée , & que la
» frayeur faifait une égale illufion à leurs
» yeux & à leurs oreilles.

(*a*) *Jam mihi cernuntur trepidis delubra moveri*
Sedibus , & claram difpergere fulmina lucem
Adventum teftata dei. Jam magnus ab imis
Auditur fremitus terris , templum que remugit
Cecropidum.

» C'eſt cependant avec une extrême
» répugnance que j'admettrais qu'en
» Egypte & en Grèce, on eût fait uſa-
» ge de la machine dont ſe ſervaient
» les décorateurs de l'antiquité ſur les
» théâtres, c'eſt-à-dire, du céraunoſ-
» cope. On ſait qu'on appellait ainſi
» l'eſpèce de miroir qui ſervait à con-
» trefaire l'exploſion de la foudre ſur la
» ſcène (*a*). Pour le tonnerre, on en
» imitait les éclats dans les pièces dra-
» matiques, en roulant des pierres dans
» des vaſes d'airain.

» Le céraunoſcope, machine très-
» élevée, ne pouvait guère avoir d'ac-
» tion qu'en plein air ; ainſi dans les
» temples, comme ceux d'Egypte, qui
» étaient d'ordinaire peu exhauſſés, eu
» égard à leur étendue, ce jeu n'était

(a) *Machina eſt inſtructa in ſcenâ ad inſtar*
ſpecula, ex quâ fulminum jactus exhibebantur.
Telle eſt la définition des Lexiques.

» guère praticable. Quant aux pierres
» roulées dans des vafes d'airain, on ne
» connaît pas comment le bruit qui en
» réfultait, pouvait être violent, fans le
» fecours du feu. Il s'agiffait d'épouvan-
» ter les initiés. On le faifait, dans les
» myftères de Mithra, en leur mettant
» une épée nue fur la gorge. Mais leur
» frayeur eût-elle rempli l'objet qu'on
» fe propofait, fi l'on s'était contenté
» de leur faire voir & entendre les
» mêmes chofes qui fe paffaient aux
» yeux de tout *le* monde fur les théâ-
» tres. Ces confidérations me portent à
» penfer que dans les myftères, ces phé-
» nomènes étaient beaucoup mieux exé-
» cutés, & fans comparaifon plus ter-
» ribles, à l'aide, fans doute, de quel-
» que compofition pyrique, pareille à
» celle du feu Grégeois ; fecret perdu,
» & qu'on n'a pas retrouvé de nos jours,
» ainfi qu'on a affecté de le publier, pour
» alarmer les Puiffances qui tiennent l'em-
» pire des mers.

Les myſtères, en général, ne pouvaient être révélés aux femmes , & quand Alexandre obtint de l'Hyérophante Egyptien, la permiſſion de mander à ſa mère le ſecret des initiés, il la conjura en même-tems de brûler ſa lettre après l'avoir lue , comme ſi le théiſme ne pouvait être la religion d'un ſexe timide ! comme ſi le dogme de l'unité d'un Dieu , ſemblait trop ſublime pour entrer dans l'entendement d'une femme ?

Nous verrons, dans la ſuite, les femmes d'Athènes & de Rome, ſe venger de ce mépris des Hyérophantes , en tentant de les imiter. Ce furent elles qui inſtituèrent les ſacrifices ſecrets en l'honneur de Gynecée & de la bonne déeſſe, où les hommes , à leur tour , ne purent s'introduire ; incapables de rencontrer les dogmes ſublimes d'Oſiris , d'Orphée & de Zoroaſtre , elles prirent ſeulement ce qu'elles purent découvrir des cérémonies de leurs myſtères ; ces inſtituteurs de l'Egypte & de l'Orient, avaient voulu dégager leurs difciples des fuperftitions populaires, & les femmes d'Athènes & de Rome devinrent fuperftitieufes, même en les imitant.

Le plus grand fervice que les myftères aient rendu à la morale, eft d'avoir mis une barrière éternelle entre les initiés & ces grands criminels, que la fociété outragée ne regarde qu'avec horreur. Les parricides ne pouvaient être admis aux expiations inftituées par les Orphée & les Zoroaftre. Néron, tout Empereur qu'il était, ne put affifter aux myftères d'Eleufis, & l'on vit quelques fiècles après, à Conftantinople, un Prince qui avait fait périr fon beau-père, fon neveu, fon fils & fa femme, ne trouver aucun Hyérophante qui voulût l'abfoudre de tant d'attentats contre la nature.

C'eft avec une forte de volupté, que je m'étends fur la feule inftitution des Prêtres Egyptiens, dont le monde ait tiré quelqu'avantage. Je me trouve dans

mon élément, quand je parle des fervices rendus aux hommes, & ce n'eft
qu'avec une répugnance fecrette que ma
plume, enchaînée par la vérité, dévoile
dans la nuit des fiècles, le Machiavélifme des Rois & les crimes du Sacerdoce.

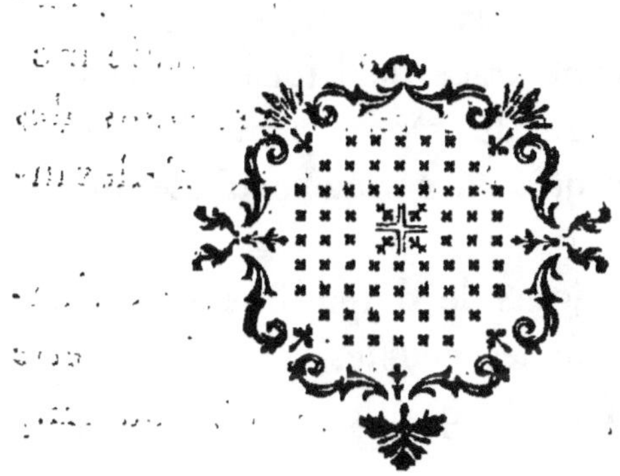

GOUVERNEMENT

POLITIQUE

ET LÉGISLATION.

ON ne voit, dans les annales de l'E-gypte, aucune trace de Monarchie mo-dérée, depuis le règne prétendu des Dieux, jufqu'à la conquête d'Alexandre.

C'eft toujours le defpotifme Oriental qui écrafe les peuples, qui renverfe les propriétés, & qui fe joue du fang des hommes.

Ici les Rois font acheter à leurs fujets, par la perte de leur bien, le droit de ne pas mourir de faim (*a*); là, ils

____

(*a*) Voyez dans le Pantateuque, l'hiftoire du Miniftère de Jofeph.

étouffent dans leur germe les générations
à naître, pour élever à son faîte une
vaine pyramide ; ailleurs, des mères
souffrent qu'on vienne égorger leurs
enfans, pour faire, de leur sang, un
bain aux Pharaons, quand ils sont frap-
pés de l'éléphantiase.

Il est vrai qu'à l'extérieur, le despotisme paraissait enchaîné, mais c'était
pour frapper plus sûrement ses victimes;
les Pharaons faisaient, avec beaucoup
d'exactitude, des ablutions légales, mais
ils se permettaient de dénaturer le culte
public, ou même de l'anéantir ; ils res-
pectaient les possessions sacerdotales,
mais ils envahissaient les patrimoines
des Cultivateurs ; ils écrasaient la nation ; & pour la consoler, ils lui permettaient de faire, quand ils ne seraient
plus, le procès à leur mémoire.

On dira peut-être que les Prêtres ba-
lançaient l'autorité du Despote, & l'em-
pêchaient de dégénérer en tyrannie ;
mais pour peu que le Pharaon eût un

caractère, le pouvoir sacerdotal n'avait plus de poids dans la balance politique ; alors les Miniſtres des Dieux étaient relégués à l'ombre de leurs autels, & le trône ceſſait de ſe voir éclairé par une puiſſance intermédiaire ; que pouvaient, dans une telle poſition, des hommes qui prient, contre ceux qui commandent des armées ? Notre Sultan de Conſtantinople a auſſi, par les loix Muſulmannes, une barrière dans la perſonne du Grand Muphti ; mais auſſi quand ce Pontife lui déplaît, il le fait piler vif dans un mortier. Les Pharaons, à cet égard, étaient ſi inſtruits du droit que leur donnait la force, qu'on propoſa à Sabbacon de faire couper en deux tous les Prêtres de l'Egypte, afin de mettre à jamais le trône à l'abri des attentats & des rebellions.

Le mal fut à ſon comble, quand, dans la lutte perpétuelle du trône & de l'autel, ce dernier l'emporta ; alors l'ombre même de l'équilibre politique diſ-

parut, & le Prêtre couronné, put écrafer doublement la nation, au nom des
loix & au nom des Dieux.

Je fais que les Grecs ne voyaient pas
du même œil le Gouvernement de l'E-
gypte; mais c'eft à la raifon du dix-
huitième fiècle à apprécier leur enthoufiafme; c'eft fur des faits, & non fur
des phrafes, que la poftérité doit affeoir
le jugement qu'elle porte des anciennes
Monarchies.

Hérodote & Diodore ont beaucoup
loué les inftitutions politiques de l'E-
gypte. Oppofons Hérodote à Diodore,
& Diodore à lui-même, & notre fcep-
ticifme fera juftifié.

Voici un texte précieux de l'Hiftorien
de Sicile. „ Expofons ici les loix & les
„ mœurs de l'Egypte; elles paraîtront
„ merveilleufes, fans doute; . . . . .
„ mais nous omettrons, dans notre ré-
„ cit, les fictions incroyables qu'Héro-
„ dote & d'autres Hiftoriens ont imagi-
„ nées, préférant, à cet égard, les or-

» nemens à la vérité franche & naïve,
» pour captiver davantage l'attention de
» leurs Lecteurs. Pour nous, notre plan
» est de nous en tenir à ce que nous
» trouverons dans les livres écrits par les
» Prêtres Egyptiens, & nous le rappor-
» terons avec la plus scrupuleuse fidé-
» lité (*a*).

Par ce texte seul, Hérodote & son roman historique sur l'Egypte, est jugé.

Diodore mérite un peu plus d'attention, parce qu'il a travaillé sur des livres originaux, mais ces livres lui avaient été fournis par des Prêtres intéressés à falsifier l'histoire de leur pays, pour sauver leurs Ancêtres de l'opprobre où leurs crimes devaient faire condamner leur mémoire.

Ceux mêmes de ces Prêtres dont la plume n'était pas corrompue par l'esprit du corps, n'étaient pas à l'abri de cette

____

(a) *Hist. Univ.* lib. 1, sect. 2, parag. 22.

vanité nationale , qui confiste à faire croire, que le pays où l'on est né, est le premier de la terre, par la sagesse de ses loix. Ainsi, au lieu de transcrire le code Egyptien , ils en créaient un à l'usage des Philosophes ; au lieu de décrire le vrai Gouvernement des Pharaons, ils faisaient, comme les disciples de Socrate, des *Républiques* & des *Cyropédies*.

Heureusement pour la postérité , ils n'ont osé anéantir la trace de quelques institutions barbares que la terre entière attribuait à l'Egypte. Ces institutions ont été conservées dans les mémoires originaux ; comme elles se trouvent à côté de quelques loix sublimes qui les contredisent, ce contraste trahit l'imposture des Ecrivains sacrés qui les ont rédigées. D'après ce trait de lumière, parcourons le code des Prêtres, suivant Diodore & les autres Anciens qui ont été leurs interprètes.

Un Pharaon (a) *ne pouvait se faire servir par des esclaves achetés au-dehors, ou même nés dans son Palais ; on lui donnait à cet effet les enfans des premiers Pontifes, qui ne paraissaient à la Cour qu'à l'âge de vingt ans. On voulait par-là que le Monarque, surveillé jour & nuit par la jeunesse de l'Egypte la mieux élevée, ne fît rien d'indigne de la Majesté suprême.*

Tous ces espions sacrés, qui entourent le Pharaon, m'annoncent un Prince qu'on élève, non pour la nation, mais pour les Prêtres.

Le Monarque, dès le matin, après avoir pris le bain, allait au temple. . . . Là, le Grand-Prêtre, debout & en présence du peuple, priait les Dieux de rendre ses jours fortunés ; ensuite il faisait, sous son nom, le portrait d'un bon Roi,

---

(a) Tout ce qui est ici en caractères italiques est tiré de Diodore, *loc. citat.*

*le reprenfentant maître de lui-même , ami
de la bienfaifance , ennemi de l'impof-
ture , mettant toujours les peines au-
deffous des délits , & les récompenfes au-
deffus des fervices. . . . Si l'adminiftra-
tion était tombée dans quelque faute , l'O-
rateur facré en difculpait le Roi , & re-
jettait tout l'odieux fur les flatteurs qui
entourent le trône. . . . Après le facrifice , on lifait au Souverain l'hiftoire de
quelques grands hommes , afin que dans
l'occafion il fe pénétrât de leur efprit &
fît ufage de leurs maximes.*

Tout cela eft beau , mais n'eft point
un frein pour le defpotifme ; ce n'eft
pas par ce qu'on lit à un Souverain , mais
par ce qu'il fait , que la poftérité le juge.
Voyez Tacite. Jamais Prince n'a plus
connu que Néron la théorie de l'art de
régner. Le matin , on lui lifait un livre
de morale ; le foir , il donnait l'ordre
d'affaffiner fa mère , ou bien il faifait
brûler Rome , pour fe donner le fpectacle de la prife de Troye.

Le Pharaon ne pouvait se promener, prendre le bain, jouir de sa femme, qu'aux heures qui lui étaient prescrites. Il ne devait se nourrir que d'alimens simples; la chair de veau ou celle de canard était la seule qui lui fût permise. On lui donnait une mesure de vin à ses repas, mais si légére, que loin de l'ennyvrer, elle ne pouvait porter le moindre nuage sur sa raison; enfin tout ce qui concerne le régime diététique semblait si sage, qu'on aurait pris les institutions de ce genre pour les ordonnances d'un Médecin, plutôt que pour les statuts d'un Législateur.

On ne revient pas de sa surprise, quand on voit que c'est par de pareilles minuties (à laquelle d'ordinaire le Pharaon ne s'astreignait pas) qu'on démontre la douceur de son Gouvernement. Qu'importe à un peuple, que son Souverain se promène le matin ou le soir; qu'il mange du canard ou qu'il soit frugivore; qu'il jouisse de sa femme

avant ou après fa digeftion ? Le grand
point pour lui eft qu'on ne lui raviffe
pas, une patente royale à la main, le
patrimoine de fes pères ; que l'honneur
de fa famille foit en fûreté ; qu'on ne
ferme pas les temples, où il va chercher un afyle contre les attentats de
fes tyrans ; qu'on ne cimente pas de fon
fang les fondemens d'un labyrinthe ou
les degrés d'une pyramide.

Originairement on facrait le Pharaon
dans Thèbes ; lorfque le Delta fut fotri
du fein des eaux, ce fut Memphis, la
nouvelle métropole, qui jouit de ce
privilége ; une des cérémonies primor-
diales à laquelle on aftreignait le Souverain, était de lui faire porter le joug
du bœuf Apis ; on lui mettait enfuite
à la main un fceptre figuré en forme de
charrue, & on le promenait, dans cet
équipage, au milieu de la ville. Le
ferment qu'il faifait entre les mains du
grand Pontife, terminait l'inauguration ;
on lui préfentait un calendrier, & il

jurait, non de refpecter les loix de l'Etat, mais de ne point créer de jour intercalaire ; il femblait que l'Egypte eût un moindre intérêt à fe voir bien gouvernée, qu'à avoir une chronólogie.

Malgré les contes philofophiques qu'on fit lire à Diodore, il eft certain qu'il n'y a aucúne époque, dans la Monarchie des Pharaons, où ces Princes ne fuffent entourés que des enfans des Prêtres, excepté lorfqu'ils furent tirés eux-mêmes de la claffe facerdotale. On leur voit toujours des efclaves & quelquefois des eunuques qui gouvernent leur ferrail, & enfuite l'Etat, comme c'eft l'ufage chez les Defpotes de l'Orient.

Il eft plus que douteux qu'après la mort du Pharaon, on ait fait le procès à fa mémoire. Dans un Etat comme l'Egypte, où le fceptre était héréditaire, le fils même d'un tyran pouvait-il fouffrir qu'on refufât à fon père les honneurs de la fépulture ? L'hiftoire d'Apriès fuffirait , au reste, pour détruire à cet égard le préjugé des siècles. Ce Prince s'était rendu coupable du plus grand des crimes envers sa nation. *On croyait qu'il s'était défait de la meilleure partie de ses sujets pour régner avec plus d'empire sur le reste (a).* La haine générale que ce désastre avait inspirée était telle, qu'après la victoire d'Amasis, la multitude s'était fait livrer le tyran, & l'avait étranglé. Cependant l'histoire rapporte que la rage populaire ainsi appaisée, on porta en pompe le corps du Pharaon, à l'entrée du temple de Minerve, dans Saïs, & qu'on le plaça dans la tombe des Rois, à côté des momies de ses Ancêtres.

Si jamais on a fait le procès à la mémoire des Pharaons, cette cérémonie a dû consister dans quelqu'oraison funèbre, prononcée par le grand Prê-

____

(a) *Diod. Sicul.* lib. 1, sect. 2, parag. 21.

tre , où l'on se permettait de parler avec une sorte de liberté de leurs erreurs & de leurs faiblesses ; mais jamais on ne persuadera à un siècle éclairé que lorsqu'un Despote Egyptien avait démérité de sa nation , elle jettait sa cendre à la voirie en présence de son successeur , qui avait la majesté du trône à soutenir , quand même il n'aurait pas eu un père à venger.

Les nuages , entassés par les Prêtres de Thèbes ou d'Héliopolis autour du vrai Gouvernement de l'Egypte , acheveront de se dissiper quand on observera, sans préjugé, quelle était l'économie politique de l'Etat & sa législation.

La nature avait tout fait, en Egypte, pour l'agriculture ; on l'a vu dans l'histoire de ce Nil , qui couvrait tous les ans les campagnes de son limon générateur ; mais l'Egypte, pendant un grand nombre de siècles , ne fit rien pour seconder la nature ; quand les Rois éle-

vaient des digues, c'était uniquement
pour empêcher le fleuve de submerger
les villes où ils fixaient leur résidence.
On ne peut s'empêcher de sourire de
dédain sur ces Egyptiens, si injustement
célèbres, quand on lit dans Hérodote,
dans Plutarque, dans Pline & dans Diodore (a), de quelle manière ils culti-
vaient la terre après la retraite des eaux.
Personne ne se donnait la peine de la-
bourer son champ ; on se contentait
d'y jetter au hasard la semence ; ensuite
on lâchait, au milieu, une bande de
pourceaux, qui, avec leurs groins &
leurs pieds, renversaient la terre dé-
trempée par le Nil, & recouvraient la
semence. Il s'agit maintenant de savoir
comment un quadrupède frugivore &
aussi vorace que le pourceau, se con-

______

(a) Hérod. *Euterpe* ou lib. 2. Plutarch. *de
Sympos.* lib. 4. Plin. *Histor. Natur.* lib. 18.
Diod. lib. 1, sect. 2.

tentait de fouler le grain , au lieu de le dévorer. Ce monde Egyptien eft tout différent du nôtre ; il eft vrai qu'il s'agit ici du monde décrit dans les livres, & non de celui qui eft habité par les hommes.

Il femble , d'après les fervices que les pourceaux rendaient à l'agriculture , que la partie du peuple qui avait foin de ces animaux cultivateurs , devait être honorée en Egypte ; mais par une inftitution , bien digne de cette contrée ftupide & barbare , on ne la traitait qu'avec le dernier opprobre. Elle formait une tribu ifolée , diftinguée des autres par fa longue chevelure ; l'entrée des temples lui était interdite , & elle ne pouvait contracter d'alliance avec le refte de fes concitoyens. Ces infortunés, jugés immondes à caufe des troupeaux qu'ils gardaient, mais plus fiers que les Prêtres qui ofaient les profcrire , plus courageux que les Rois qui les abandonnaient à leur deftinée , profitèrent des troubles qu'amena l'invasion de Cambyse, pour se créer une patrie au milieu des marécages du Delta (*a*); & cette république de voleurs (c'est ainsi que l'histoire la désigne) résista à la Perse, aux Pharaons, aux Ptolémées, à Rome même , & ne fut anéantie que sous Marc-Aurèle.

L'agriculture était sur-tout négligée aux environs de Thèbes & dans l'Heptanomide, parce que cette longue vallée n'était point coupée de canaux, comme le Delta ; comme dans cette région brûlante, il ne pleut presque jamais, le peu de terre végétale qui s'y rencontrait, pour peu qu'elle restât en friche, était recouverte d'un sable mouvant, que toute l'industrie humaine ne pouvait vivifier pour la culture. Il eût été très-aisé aux Pharaons de doubler les richesses de l'Etat en faisant enlever

______

(*a*) Héliodor. *Æthyopic.* lib. 1.

ce sable stérile, & en tirant du Nil les eaux qui pouvaient arroser la terre végétale ; mais comme ils ne travaillaient jamais que pour eux, & non pour la nation, ils aimaient mieux employer les millions de bras d'esclaves que le despotisme leur procurait, à faire des sphinx, à transporter des chapelles d'une seule pierre dans une espace de deux cents lieues, & à se bâtir des tombeaux en pyramide.

Les Egyptiens, jusqu'aux derniers Pharaons, n'eurent point de marine. Cependant il leur était aisé, par leur position heureuse sur la Méditerranée, & non loin de la mer Rouge, de faire de leur pays le centre du commerce de l'Europe & des Indes ; mais d'abord leur fierté ignorante se refusa, pendant un grand nombre de siècles, à ouvrir les ports du Delta à des Navigateurs qu'on mettait à peine au rang des hommes. La religion sacerdotale vint ensuite, avec ses préjugés, flétrir toute communication avec les étrangers. La feule idée qu'un homme qui fe noyait dans la mer ne pouvait reffufciter, fuffifait pour rendre à tout Egyptien la marine odieufe ; aucun de ces êtres, doublement avilis par la fuperftition & par l'efclavage, ne fongeait à la gloire de la nation, & quand il en aurait eu l'idée, il l'aurait facrifiée à l'efpoir que fon cadavre ferait un jour converti en momie.

Ajoutons à toutes ces entraves politiques & religieufes, que de tout tems l'Egypte manqua de bois de conftruction ; fous les Ptolémées même, lorfque la nation éclairée tenta le commerce des Indes par la mer Rouge, le défaut de matières premières obligea les Conftructeurs à fe fervir de frêles nacelles à demi formées de joncs & de papyrus, qui ne pouvaient fe hafarder en haute mer, & encore moins fe défendre contre les pirates. Toutes les fois que les Egyptiens eurent de vrais vaiffeaux, ils leur furent fournis par les étrangers, & ils

ne firent jamais de navigations impor-
tantes , sans prendre pour pilotes des
Phéniciens ou des Grecs ; car ils igno-
raient parfaitement la manœuvre. Tout
leur génie se déployait à transporter, par
le Nil , des obélisques , & à franchir,
sur des radeaux , la grande Cataracte.

Cette théorie sur la navigation Egyptienne , sert à fixer nos idées sur la fable sacerdotale d'une flotte de six cents
vaisseaux longs , construits par Sésostris
sur la mer Rouge , afin de conquérir le
monde , qui jusqu'ici n'a été conquis
par personne.

On a encore beaucoup vanté l'opulence des Pharaons, & on en a imposé
aux siècles. Ces Princes ne faisaient ni
le commerce de la Méditerranée , ni
celui de la mer Rouge ; ils ne pouvaient
lever d'impositions ni sur les vastes possessions sacerdotales, ni sur le patrimoine
des gens de guerre ; la majeure partie
de leurs revenus consistait donc dans les
vagues ressources du despotisme, & leur

fifc infiniment borné, ne pouvait entrer en parallèle avec celui des riches
fucceſſeurs de Cyrus & de Sémiramis.

Les mines d'or dont l'Hiſtorien Hé-
catée fait préſent aux Pharaons, ne leur
ont jamais appartenues. L'ancienne Géographie les place ſur les confins de l'A-
rabie, de l'Ethyopie & de la Thébaïde (a), c'eſt-à-dire, vers les montagnes où l'on marque la mine des Eme-
raudes. Or, il eſt avéré que ce pays
était partagé entre les Ethyopiens & les
Troglodytes; il eſt probable que ce qui
a induit les Anciens en erreur, eſt
le commerce de la poudre d'or, fait de
tout tems par les caravannes de la Nubie, & dont l'Egypte intercepte encore
aujourd'hui une partie, tandis que l'autre reflue vers la côte occidentale de
l'Afrique.

Il ne faut point apporter en preuve

____

(a) *Diod. Sicul.* lib. 4.

de la richeſſe de l'Egypte, les dépouilles du globe conquis par Séſoſtris. Ce ſerait prouver l'exiſtence du beau pays d'Eldorado, par les voyages de Candide.

La conſtruction des temples, l'érection des obéliſques & des pyramides, ne peuvent encore atteſter l'opulence de l'Egypte ſous les Pharaons. La matière de tous ces monumens ne coûtait rien aux Deſpotes de Memphis. Pour la main-d'œuvre, on ſait à quoi elle ſe réduit dans tous les climats chauds, où l'homme ſe nourrit avec quelques fruits & s'habille avec de la toile. Au reſte, il ne faut pas croire que ces travaux de l'Egypte, dans ſon premier âge, s'exécutaſſent comme les ſuperbes édifices de notre Europe moderne. Louis XIV, qui payait ſes Artiſtes en Roi, s'appauvrit pour forcer la nature dans Verſailles. Mais la plus belle des pyramides ſe bâtit avec de l'ail, des oignons, & ſur-tout en mettant des bourreaux aux ordres des Architectes.

Le moyen le plus fûr d'apprécier la richeffe de l'Egypte fous les Pharaons, eft de voir ce qu'elle payait à fes Conquérans, lorfqu'elle devint une des vingt Satrapies de la vafté Monarchie de Darius. On fait que les Perfes, qui avaient en horreur le nom Egyptien, fongèrent bien plutôt à écrafer le pays qu'ils venaient de fubjuguer, qu'à en adoucir le joug; ainfi notre calcul, quoique fingulièrement réduit, fera encore exagéré.

L'hiftoire rapporre qu'outre le produit de la pêche du lac Mœris, & le bled qu'on était obligé de fournir à l'armée des Perfes, qui gardait les frontières, l'Egypte, réunie avec Cyrène, Barca & une partie de la Lybie, verfait, dans le tréfor de Suze, fept cents talents (*a*). N'ôtons, dans notre calcul, que deux cents talens pour la Libye Perfe, qui, à cette époque, était cou-

---

(*a*) Herod. *Thalia*, ou lib. 3.

verte de villes floriſſantes, pour Cyrène
& Barca, qui interceptèrent tout le
commerce de la Méditerranée, & ajoutons cinquante talents pour le poiſſon
du lac Mœris & le bled des garniſons,
qu'on payait probablement en nature;
il reſtera cinq cents cinquante talents,
ou 2,979,166 liv. de notre monnaie,
pour repréſenter les revenus des Pharaons
au tems de leur plus grande puiſſance.
Il y a un peu loin de cette évaluation,
fondée ſur la logique & les faits, avec
les 3,257,260,000 liv. que valait, ſuivant les fables orientales, tranſmiſes par
les Grecs, la ſeule couronne d'or du
tombeau d'Oſymandias (a).

Après avoir réduit à ſa juſte valeur
le Gouvernement de l'Egypte ainſi que
ſa politique, voyons s'il ne nous reſtera
pas encore quelqu'antique préjugé à dé-

____

(a) Voyez notre *Hiſtoire des Hommes*, part.
ancienne, tom. 6, pag. 223.

truire dans l'examen de sa législation.

On a dit que le droit Romain était émané de la Jurisprudence de l'Egypte; mais c'est une imposture grossière ; on ne voit pas la plus légère trace des loix Egyptiennes dans le code des douze tables. Aucun Législateur ne s'est avisé de consulter, pour éclairer les hommes, les institutions informes & mobiles des Pharaons. Solon, lui-même, tout enthousiaste qu'il était des Prêtres de Saïs, réforma dans Athènes le code de sang de Dracon, sans s'étayer du code non moins atroce des prédécesseurs de Sésostris. (*a*). L'Egypte, qui a reçu des loix de tous les peuples qui sont venus la subjuguer, n'a vraiment donné les

---

(*a*) La seule loi Egyptienne qu'il transporta dans sa patrie, fut celle qui condamnait à la mort le citoyen qui trompait ses Magistrats dans la déclaration de son état & de ses revenus ; mais comme cette loi était atroce, elle tomba bientôt en désuétude.

fiennes à perfonne. C'eft un des faits les mieux avérés de l'hiftoire.

Eh! comment l'Egypte , où l'efclavage perfonnel était établi, aurait-elle mérité de fournir des inftituteurs au monde ? Quand on réduit en principe l'infraction du droit naturel, eft-on digne de fe dire l'interprète de la nation ? Quand on anéantit la dignité humaine, efpère-t-on fe faire entendre au cœur des hommes ?

Qu'on ne m'oppofe point l'inftitution Egyptienne qui ôtait à un maître le pouvoir d'affaffiner fon efclave. Cette inftitution n'était qu'un pur fophifme des Légiflateurs, ainfi que l'a prouvé un de nos meilleurs Philofophes. » Comme » la liberté & la vie font réellement in» féparables, le Maître, en Egypte , » confervait toujours le droit de mort, » que la loi ne lui ôtait qu'en apparence. » Le nombre de ceux qui poignardent » fubitement leurs efclaves, a été, dans » tous les fiècles , très-petit ; mais le

» nombre de ceux qui les font mourir
» lentement, à force de travail, a tou-
» jours été très-grand. Après cela, on
» conçoit que celui qui eſt maître de
» la liberté, l'eſt auſſi de la vie. Le
» Légiſlateur peut lui défendre une
» certaine manière de tuer ſon eſclave,
» mais il lui en laiſſe mille pour le
» faire périr ; & voilà en quoi conſiſte
» la contradiction (*a*).

Le code civil, en Egypte, était mêlé de bonnes & de mauvaiſes inſtitutions, ainſi qu'on le voit chez tous les peuples ſans caractère.

Il était défendu au Cultivateur, aux Manœuvres, aux Artiſans, de changer de profeſſion. Tout était héréditaire chez eux. Il y avait, à la conquête de l'E-gypte par Alexandre, des arts qui étaient cultivés, de père en fils, depuis la fon-

____

(*a*) *Recherches Philoſophiques ſur les Egyp-tiens*, tom. 2, pag. 278.

dation de la Monarchie. Cette inftitution, fi vantée, eft abfurde, parce que
tous les individus d'une tribu deftinée
à un art, foit libéral, foit méchanique,
n'ont pas la même organifation. La nature, à cet égard, fe joue fans ceffe
des combinaifons des Légiflateurs. Le
fils d'un vil manœuvre pouvait avoir
le génie d'Hermès, & le fils d'Hermès
n'être bon qu'à voiturer les pierres des
pyramides.

Le créancier avait droit de faire faifir
les biens de fon débiteur, mais il ne
pouvait, fous quelque prétexte que ce
fût, attenter à fa perfonne. De l'or,
dit à ce fujet le judicieux Diodore (*a*),
doit retourner au citoyen qui s'eft dépouillé pour obliger, mais un homme
eft à la patrie, & l'avarice d'un membre du corps focial, ne doit pas pré-
valoir fur l'utilité de tous. — Voilà une

(*a*) Lib. 1, fect. 2, parag. 28.

inftitution fage ; mais elle convient plus à une République, qu'à un Gouvernement abfolu. Il eft évident que fi les Décemvirs de Rome l'avaient connue, ils l'auraient fubftituée à la loi atroce qu'ils imaginèrent fur les créanciers, dans leur code des douze tables.

La loi Egyptienne qui décharge de fa dette, fur fon ferment, l'homme qui emprunte fans créance, a un côté rai-fonnable ; elle part du principe que l'homme, pour un vil intérêt, ne com-promettra pas fon honneur, qui fait fon exiftence civile. Mais elle ne convient qu'à un peuple voifin de la nature, où les mœurs font plus fortes que les inf-titutions des Légiflateurs, & alors la loi même eft inutile.

Une loi d'Egypte, qui ne convenait réellement à aucun peuple civilifé, était celle qui concernait les voleurs. Il faut, fur un fait auffi étrange, citer le texte de Diodore. » Les Légiflateurs Egyp-» tiens avaient ftatué que les citoyens

» qui voudraient faire le métier de vo-
» leur , se feraient inscrire chez le chef
» de leur bande , & qu'ils porteraient
» chez lui , au moment du vol , tous
» les effets qu'ils auraient dérobés. Le
» particulier lésé se rendait chez le dé-
» positaire du larcin, & recouvrait son
» bien , en payant le quart de sa valeur
» à l'homme injuste qui l'en avait dé-
» pouillé (a) «.

Il fallait être Egyptien pour faire ainsi composer la loi avec les brigands , au lieu de punir le brigandage.

Un de nos savants les plus distingués, frappé d'une décision aussi absurde de la part des Législateurs du Nil , a tenté de la justifier , en supposant qu'il ne s'agissait en cette occasion que d'un concordat fait avec les Arabes , accoutumés , de tems immémorial , à piller

______

(v) *Diod. Sicul.* loc. citat.

les caravannes (*a*). Mais affurément le texte de Diodore eft bien loin d'offrir un pareil fens : l'Hiftorien n'a point en vue un traité de peuple à peuple , mais feulement une compofition d'intérêt entre la loi & fon infracteur. Ne dénaturons pas les faits , pour prêter de la raifon aux Légiflateurs d'un peuple qui n'eft jamais forti de l'enfance.

La loi civile, en Egypte, connaiffait fi peu le droit facré de propriété, qu'Arifton , un des plus célèbres Jurifconfultes de l'antiquité, écrivit dans un de fes voyages , que *le vol , fur les bords du Nil , était licite & impuni* (b).

______

(*a*) *Rech. Philofoph. fur les Egyptiens* , tom. 2, pag. 265.

(*b*) *Id etiam memini legere me in libro Ariftonis Jurifconfulti haud quaquam indocti viri, apud veteres Ægyptios . . . furta omnia fuiffe licita & impunita.* Aulugell. *noct. attic.* , lib. XI , cap. 18.

Au reste, l'histoire des Pharaons n'offre qu'une série perpétuelle de brigandages. Les Prêtres volaient les Rois, quand ils disposaient de la couronne; les Rois volaient les Prêtres quand ils se trouvaient les plus forts; & lorsque ces Princes n'étaient que des automates couronnés, ils volaient encore leurs Nomarques, qui s'indemnisaient en volant les peuples qu'on leur donnait à gouverner.

Pour bien juger les Egyptiens, il faut les juger par leur code criminel, bien autrement important que de frivoles institutions civiles, enchaînées, d'ailleurs, sans ordre & sans dessein primitif. Or, ce code est digne des Cannibales. On y voit, pour chaque délit, la mutilation ou la mort; jamais le Législateur n'y parle au cœur des êtres, qu'il enchaîne. Jamais il ne se souvient qu'il est homme, & qu'il s'adresse à des hommes.

» Le parjure, en Egypte, est puni de

» mort, fans rémiſſion. Les dépoſitaires
» des loix voient, dans le parjure, deux
» des plus grands crimes ; celui d'in-
» ſulter les dieux , & celui de renverſer
» la bonne foi.

» Le citoyen qui voit un homme qu'on
» va tuer, ou ſimplement qu'on outrage,
» & qui ne le défend pas, eſt puni de
» mort.

» Si ce témoin d'un outrage ou d'un
» aſſaſſinat, ne pouvant défendre ſon
» concitoyen, ne déclarait pas les bri-
» gands, & ne les pourſuivait pas en ſon
» propre nom, il était frappé de verges
» par la main du bourreau , & on le
» faiſait, en outre, paſſer trois jours en-
» tiers, ſans prendre la moindre nour-
» riture.

» Tout Egyptien était obligé d'an-
» noncer au Magiſtrat ſon nom , ſa
» profeſſion & ſes revenus ; s'il faiſait
» une fauſſe déclaration , il était con-
» damné à mort. . . . .

» On coupait la langue au criminel

» qui découvrait à l'ennemi quelque se-
» cret de l'Etat ; s'il fabriquait de la fauſſe
» monnaie, s'il uſait de faux poids ou
» de fauſſes meſures, s'il contrefaiſait
» le ſceau du Prince ou même celui
» d'un ſimple particulier, on lui coupait
» les deux mains.

» On mutilait de la même façon
» l'Ecrivain public qui ſuppoſait de fauſ-
» ſes pièces, ou qui falſifiait celles qui
» avaient quelqu'authenticité.

» L'accuſé, convaincu d'avoir violé
» une femme libre, était fait eunuque.

» On puniſſait le commerce d'adul-
» tère, en donnant mille coups de verges
» à la femme, & en coupant le nez à
» l'homme.

» Un père qui ſe défaiſait de ſes en-
» fans, n'était point envoyé au ſupplice,
» mais on le condamnait à tenir, trois
» jours & trois nuits, dans la place pu-
» blique, leurs cadavres embraſſés.

» Le fils qui tuait ſon père, était
» conduit ſur un échaffaud ; là, l'Exé-

» cuteur public lui enfonçait, dans tou-
» tes les parties du corps, des fragments
» de roſeaux aigus, de la longueur du
» doigt ; enſuite il le faiſait brûler vif
» ſur des épines (*a*) «.

Il ſuffit de lire avec attention ce code,
pour que la raiſon s'indigne de l'ignorance barbare du Légiſlateur.

Il n'y a d'abord aucune proportion
entre les délits & les peines ; c'eſt ſe
jouer de la vie des hommes, que de
l'ôter à ceux qui font un faux ſerment,
ou qui s'annoncent ſous un faux nom
à un corps de Magiſtrature.

C'eſt bien peu reſpecter, ſoit l'honneur réel, ſoit l'honneur d'opinion, que
de flétrir d'un opprobre éternel le citoyen paiſible, parce qu'il ne fait pas le
vil métier de dénonciateur.

(*a*) *Diod. Sicul.* lib. 1, ſect. 2, parag. 27.
J'ai mis un peu d'ordre dans ce texte, mais
il eſt traduit avec la plus grande fidélité.

La loi qui condamne au même fupplice le fourbe audacieux qui fabrique
la fauffe monnaie, & le fourbe timide
qui emploie de faux poids dans le
commerce, caractérife l'ignorance la plus
profonde en politique ; il en faut dire
de même de celle qui affimile le délit
d'avoir imité le cachet d'un particulier, au
crime d'avoir imité le fceau du Souverain.

C'eft outrager les mœurs publiques,
en les vengeant, que de punir le jeune
homme fougueux qui croit violer une
femme, en le faifant eunuque.

Ce n'eft point en frappant de verges
des coupables, & en leur coupant le
nez, mais en imprimant le fceau de
l'opprobre fur l'adultère, qu'on peut ef-
pérer de diminuer ce crime de lèze-
fociété ; je ne dis pas de l'anéantir.

Je n'ofe dénoncer à l'humanité ces
fupplices raffinés qui terminent le code
pénal des tyrans de l'Egypte ; je crain-
drais de diminuer l'horreur que la terre
doit avoir pour les parricides.

On fait que l'immortel Sabbacon fubftitua à cet affreux code pénal, une légiflation plus douce, que lui avaient dictée fon cœur & fes lumières; mais il ne paraît pas que fa réforme ait duré au-delà de fon règne, foit que la nation ne fût pas encore mûre pour le bien qu'on méditait de lui faire, foit que ce bien, elle ne voulût pas le tenir d'un étranger, & fur-tout d'un Conquérant.

DES MŒURS

EN

ÉGYPTE.

Les mœurs de l'Egypte, lorsque les Grecs commencèrent à s'y introduire, étaient celles d'un Etat qui est tombé de l'enfance politique dans la vieillesse, sans avoir passé par le période intermédiaire de la maturité.

L'esclavage domestique, suite assez ordinaire de l'esclavage politique, était établi dans la Monarchie des Pharaons.

L'homme, souverain dans sa maison, ne s'unissait à une femme, que pour augmenter le nombre de ses esclaves ; aussi c'était elle qu'on chargeait de tous les détails les plus laborieux du commerce. On peut juger du mépris des

Légiflateurs pour le fexe, par ces inftitutions que l'hiftoire nous a confervées.
Une femme ne pouvait, fous aucun
prétexte, entrer dans l'ordre facerdotal (*a*). Si un Egyptien libre époufait
une femme qui ne l'était pas, les enfans iffus de cette union, acquéraient
la liberté de leur père, *parce que*, dit
Diodore, *on n'avait aucun égard à la race
maternelle* (b). *Les garçons, dans ce
pays*, dit ailleurs le père de l'hiftoire,
*ne font jamais contraints malgré eux, de
nourrir leurs pères, mais la loi y oblige
les filles* (c). On peut juger s'il y a
des mœurs dans un Etat, quand la loi
met ainfi une barrière entre les deux
fexes, & qu'elle difpenfe un fils de
l'obligation fi douce, d'être le bienfai-
teur de fon père.

(*a*) *Herod.* lib. 2.
(*b*) Lib. 1, fect. 2, parag. 29.
(c) *Herod.* loc. citat.

Cependant les Egyptiens eurent des Reines, & les honorèrent ; mais notre raison éclairée n'en soupçonnerait pas le motif : c'eſt qu'elles étaient les *images d'Iſis, ſymbole de la Lune.*

Hérodote a cru que l'Egyptien n'épouſait qu'une femme ; mais il eſt contredit par Diodore & par tous les monumens. La raiſon ſeule ſuffirait à cet égard, pour motiver notre ſcepticiſme. Il eſt évident que dans un climat brûlant, où tout citoyen avait droit d'acquérir des eſclaves à prix d'argent, la facilité d'en abuſer devait entraîner les plus grands déſordres dans le ſyſtême ſocial. La loi, chez cette nation barbare, a donc dû oppoſer un moindre mal à un plus grand , & corriger le libertinage par la polygamie.

Les femmes d'un Nomarque, ou de tout citoyen un peu aiſé, étaient renfermées étroitement dans une eſpèce de ſerrail. Leurs maris, ou plutôt leurs tyrans , ne leur permettaient pas de porter de chauffures (*a*) ; & comme, d'un autre côté, le préjugé national faifait regarder comme la plus grande indécence, de paraître en public les pieds nuds, ces infortunées vivaient & mouraient dans leur prifon volontaire. Cet ufage, fi conforme aux mœurs Egyptiennes, fut remis en vigueur dans nos tems modernes, lorfque le Calife Hakim, fondateur de la religion des Drufes, défendit en Egypte, fous peine de mort, de faire des chauffures pour les femmes. L'ufage, dès-lors, eut force de loi ; mais cette inftitution atroce ne paraît pas avoir furvécu à la religion des Drufes, qui fut enfevelie à demi dans le tombeau du Calife.

Cette captivité étroite, dans laquelle les maris Egyptiens tenaient leurs femmes, dérivait de leur profonde jaloufie ; ils portaient ce fentiment terrible à un

------

(*a*) Plutarch. *Præcept. Connub.*

point qui étonnerait, de nos jours, jufqu'à l'imagination Italienne. On rapporte
qu'ils prenaient des mefures contre les
Embaumeurs, foupçonnant leur jeuneffe
impétueufe d'infulter à des cadavres.

La clôture des femmes, entraînait
l'ufage dépravé des Eunuques. Il paraît,
par les monumens hiftoriques, que cette
claffe d'êtres vils, jouiffait en Egypte,
d'une confidération particulière, qu'ils
achetaient par l'infamie de leurs fervices. Nous avons vu que leur crédit
à la Cour des Pharaons, fit perdre la
couronne & la vie à Ammanèmes. Les
Légiflateurs ne dédaignaient pas même
de s'occuper de leur exiftence civile ;
ils leur avaient permis d'acheter des
efclaves & d'époufer des femmes ; ce
qui eft, en phyfique, le dernier période
de l'extravagance ; car, comme de grands
hommes l'ont obfervé avant moi, c'eft
introduire dans la fervitude domeftique,
une autre fervitude, & dans le mariage,
un autre mariage.

En général , l'Egypte femble , de tous les pays de l'ancien monde, celui où les mœurs publiques étaient le moins refpectées ; comme l'égoïfme feul, & non l'amour, faifait naître la jaloufie des maris, ils ne connaiffaient d'adultère que celui qui faifait de l'éclat ; la femme qui n'appartenait pas à un époux, appartenait d'ordinaire à tout le monde ; un ufage facerdotal autorifait les vierges confacrées à certaines divinités , a faire le métier de courtifanne. Les Pharaons même, ainfi que nous l'avons vu dans le cours de cette hiftoire, proftituaient leurs filles , pour achever des pyramides.

Je voudrais cacher à toute la terre le trait abominable de ces femmes d'Antée, qui fe livraient, fuivant Plutarque, à des crocodiles apprivoifés (a), & celui de la Mendéfienne, qu'on vit s'unir publiquement à un bouc au fiècle

---

(a) *De Ifide & Ofiride.*

d'Hérodote (*a*) ; mais la célébrité de ces horribles anecdotes, m'empêche de faire, à la décence, le sacrifice de la vérité.

(*a*) *Euterpe* ou lib. 2.

DU PEU

DE PROGRÈS

QUE LA RAISON ET LES ARTS FIRENT DANS L'ANCIENNE EGYPTE.

LES Modernes, qui ont rêvé sur les monumens d'esclaves élevés dans l'ancienne Egypte, sur les loix qu'on ne lui a pas données, sur les livres qu'elle n'a pas faits, vantent beaucoup les progrès des lumières dans cette Monarchie; mais l'esprit qu'on prête aux Egyptiens n'est jamais que celui des Savants qui en font l'histoire. Ils se créent un phantôme parfait, pour lui offrir un culte; c'est Pigmalion qui commence par sculpter sa Vénus, & qui finit par l'adorer.

Les Egyptiens ont eu quelqu'idée des

fciences exactes ; ils tenaient le peu qu'ils en favaient des Ethyopiens , dépofitaires en ce genre des connaiſſances des Atlantes ; mais ce n'était qu'un germe , que l'inertie naturelle des peuples étouffa , avant qu'il parvînt à ſon développement.

La géométrie Egyptienne paraît s'être bornée à lever des plans , à tracer des cartes, & à combiner les dimenſions d'une pyramide. L'aſtronomie, malgré la pureté de l'atmoſphère , ne fit encore aucun progrès; il aurait fallu , pour ſecouer l'eſprit humain dans cette contrée dégradée , que les citoyens euſſent été néceſſités à étudier leur ciel , pour cultiver les campagnes & franchir l'intervalle des mers ; mais la religion ſacerdotale les empêchait de ſe former une marine , & les débordemens périodiques du Nil les diſpenſait d'avoir une agriculture.

L'Egypte , dans ſon premier âge, calcula, dit-on, 373 éclipſes du ſoleil ,

& 832 éclipfes de Lune. Malheureufe-
ment nous ne favons ce fait que par
le témoignage du Compilateur Diogène
Laërce (*a*) , & le filence de Ptolémée
fur ces obfervations aftronomiques, les
infirme encore plus, que le texte de
Diogène ne les autorife. L'Hiftorien des
éclipfes ajoute à ce conte que ces phé-
nomènes céleftes affuraient à la Monarchie des Pharaons une durée de 48,863
ans ; or, nos Caffini & nos Halley ont
démontré qu'il ne fallait que douze fiècles pour que la rencontre des deux aftres les fit éclipfer, l'un 373 fois , &
l'autre 832. On peut juger par ce fait,
du degré de créance que mérite la bonhommie ignorante de Diogène.

Comment, au refte, les Egyptiens
auraient-ils pu calculer avec jufteffe le
cours des aftres , leurs phafes & leurs
éclipfes, puifqu'ils n'eurent , pendant

(*a*) *In Proemio.*

un grand nombre de siècles, que le plus informe des calendriers. Horos, le fils d'Osiris, se crut un beau génie en faisant l'année de trois mois (*a*). On voulut ensuite rectifier cette erreur astronomique, & on étendit la révolution à un cycle lunaire de 354 jours (*b*). Il fallut passer par tous ces périodes d'ignorance, avant d'arriver à la combinaison de l'année civile avec la révolution du soleil.

Les Egyptiens, parvenus à cette connaissance élémentaire, furent encore longtems sans avoir un calendrier ; leur année resta de 360 jours (*c*), tandis que dans l'Orient, les Phéniciens & les Mages de la Chaldée, moins présomptueux & plus instruits que les Prêtres de Thèbes ou d'Héliopolis, ajoutaient les cinq jours

***

(*a*) Censorin. *de die natali*, cap. 19.

(*b*) Plutarch. *de Iside & Osiride*.

(*c*) Strab. *Geograp*. lib. 17.

épagomènes, & s'approchaient ainsi du véritable syftême des Aftronomes.

Newton, le grand Newton, prétendait que l'Egypte n'avait rectifié fon année folaire, par l'addition des cinq épagomènes, que neuf cents ans avant l'Ere vulgaire ; & s'il a trop rapproché de nous cet évènement, il me femble que Fréret, fon contradicteur, l'a trop reculé, en le plaçant à la quarante-quatrième année d'Athotis, le fecond des Pharaons (a). Défions-nous toujours des plus beaux génies, lorfqu'emportés par leur imagination ardente, ils ne traitent l'hiftoire, qu'en la pliant à leurs fyftèmes.

Il n'eft point inutile d'obferver ici, que lors même que les Egyptiens eurent adopté les cinq épagomènes, ils n'eurent point précifément une année aftronomique. Cette révolution eft vrai-

____

(a) *Défenfe de la chronologie,* pag. 405.

ment de 365 jours, 5 heures, 48 minutes & 45 secondes ; & quoique la
différence ne soit point sensible pour la
génération qui observe, elle l'est pour
le Physicien qui embrasse d'un coup-
d'œil l'ensemble des siècles ; car l'erreur, au bout de mille ans, est de
plus de quatorze (*a*) ; ce qui seul suffit
pour déranger toute la chronologie des
dynasties.

Si des sciences exactes, on descend
aux arts libéraux, on ne trouve rien
dans l'histoire d'Egypte, qui justifie l'enthousiasme de la postérité.

Les Egyptiens furent très-long-tems
rassemblés en corps de société, sans
savoir écrire ; lorsqu'en sortant un peu
de la fange de la babarie, ils sentirent
le besoin de fixer leurs idées par des

______

(*a*) L'erreur, dans toute la précision astronomique, est de 14 ans, 96 jours, 18 heures,
27 minutes & 30 secondes.

signes qui les caractérifent & qui les
perpétuent, ils adoptèrent non l'alphabet
littéral, qui eft le chef-d'œuvre de la
raifon perfectionnée, mais une efpèce
d'alphabet figuré, très-imparfait, & que
nous connaiffons fous le nom d'hiéroglyphes (*a*).

Cette méthode de deffiner un objet
groffièrement, pour en fixer le fouvenir,
n'eft point particulière à l'Egypte; l'hiftoire la retrouve chez un grand nombre
de peuples anciens, vers l'époque où ils
fe civilifent; à la Chine, en Etrurie,
& fur-tout dans cette Ethyopie, qui a

(*a*) ” Les caractères de cet alphabet reffem-
” blent, les uns à diverfes efpèces d'animaux,
” les autres aux extrémités du corps humain,
” un petit nombre à des inftrumens méchani-
” ques; ainfi les Egyptiens compofaient leur
” écriture, non d'un affemblage de lettres,
” mais d'un arrangement de figures, dont un
” long ufage avait tracé la fignification dans
” leur mémoire. *Diod. Sicul.* lib. 3, parag. 3.

été le berceau de la Monarchie des Pharaons.

Comme ces deffins informes ne rendaient que de la manière la plus imparfaite les idées phyfiques, & que le caprice du Peintre pouvait feul donner une bafe aux idées intellectuelles, il eft évident qu'une férie d'hiéroglyphes ne fut jamais qu'un recueil d'énigmes, moins propres à éclairer les hommes, qu'à exercer leur patience. Auffi quand une fois l'écriture littérale commença à s'introduire fur les bords du Nil, le peuple négligea totalement fon ancienne écriture fymbolique, & parvint peu-à-peu à ne pouvoir en déchiffrer les caractères: c'eft à cette époque que les Prêtres s'emparèrent des hiéroglyghes ; ils en formèrent une efpèce de langue facrée, dont ils fe firent les feuls dépofitaires, & dans laquelle ces fourbes adroits trouvèrent, quand ils le voulurent, l'origine des arts qu'ils n'avaient point inventés, l'hiftoire d'une dynaftie célefte qui n'exifta jamais, & le principe de cet amas de fuperftitions viles ou atroces, avec lefquelles ils gouvernèrent l'efprit de la multitude.

Ce n'eft point dans une Hiftoire des Hommes, qu'il faut chercher l'interprétation des hiéroglyphes ; ces jeux pénibles de la fagacité humaine ne font point du reffort d'une raifon éclairée ; & fi elle confentait à defcendre jufqu'à s'en occuper, elle n'en parviendrait pas mieux à l'intelligence de l'hiftoire des temps primitifs.

Les monumens qui nous reftent de l'ancienne Egypte, font tous chargés d'hiéroglyphes ; depuis deux mille ans, l'Europe favante fe fatigue à les interpréter ; & malgré tant de recherches, on n'a pu encore découvrir les racines de cette efpèce de grammaire.

Le plus célèbre des fymboles de la langue hiéroglyphique eft la croix à anfe, qui parait fur tous les obélifques, fur la bafe de toutes les colonnes, & fur les bandelettes de toutes les momies. Het-ward prétend que c'est la bouffole (a) ; le Jéfuite Kircher veut que ce foit le type de l'Ordonnateur des mondes (b) ; & Clayton , l'Evêque de Clogher , un inftrument à planter des laitues. Nos meilleurs Philofophes conjectu-rent , avec beaucoup de raifon , que c'eft le fymbole voilé de l'organe gé-nérateur , ce fameux Phallus , dont la fuperftition facerdotale a tant abufé dans l'ancien monde , pour déifier fon li-bertinage.

L'examen raifonné d'un texte célèbre de Clément d'Alexandrie , achevera de juftifier notre dédain fur la traduction de la langue arbitraire & imparfaite des hiéroglyphes.

» On voit dans un temple de Diof-» polis, dit ce père de l'Eglife, une inf-

<hr>

(a) *Théologie Payenne* , part. 1 , pag. 11.
(b) *Œdipus Ægyptiac.* , paffim.

» cription hiéroglyphique , qui porte les
» signes d'un enfant , d'un vieillard ,
» d'un épervier, d'un poisson & d'un
» crocodile. Dans le langage symboli-
» que , enfant signifie *naissance* ; vieil-
» lard , *mort* ; épervier, *Dieu* ; poisson,
» *haine* ; & crocodile , *impudence.* On
» peut donc traduire ainsi cette inscrip-
» tion : *O vous , qui naissez & qui mou-*
» *rez , Dieu hait les impudens* (a) «.

Il faut dire d'abord au Prêtre Grec
qui interprète les sentences des Prêtres
Egyptiens , qu'on ne saurait rendre des
idées intellectuelles par la peinture des
objets physiques , sans se laisser aller au
caprice de son imagination , & qu'ainsi
il n'y a que l'Auteur de l'énigme de Diospolis qui puisse la résoudre.

De plus, les lettres hiéroglyphiques
étant bien plus difficiles à tracer que les
lettres conventionnelles , elles doivent

____

(a) Clém. Alexand. *Stromat.* lib. 5.

être beaucoup moins nombreuſes. De-là il s'enſuit que le même ſymbole doit exprimer pluſieurs idées différentes, ou qui paraiſſent telles, parce que les nuances qui les uniſſaient ont diſparu. Auſſi un Savant du quatrième ſiécle (a), qui avait long-tems habité en Egypte, a-t-il démontré que le ſeul hiéroglyphe du vautour ſignifiait une *mere*, la *vue*, une *borne*, la *connaiſſance de l'avenir*, l'*année*, le *ciel*, la *pitié* & le *poids de deux drachmes*. Voilà ſept chemins qui conduiſent à la ſolution du problême : peut-être auſſi n'y en a-t-il pas un qui mène à la vérité. Le vautour de Dioſpolis pourrait bien ne ſignifier qu'un *vautour*.

(a) C'eſt Horus-Apollo, ou Horapollon, Critique Egyptien qui vivait ſous l'empire de Théodoſe. Il a fait un livre de Commentaires ſur les hiéroglyphes, qui a été commenté à ſon tour par Corneille de Pavie ; nous eſpérons qu'il viendra quelque Commentateur de Corneille de Pavie, qui répandra quelque jour ſur le texte original des hiéroglyphes.

Enfin, Clément d'Alexandrie ne donne pas une interprétation exacte de l'hiéroglyphe Egyptien. Horapollon, qui connaiſſait bien mieux la Monarchie des Pharaons, prétend que dans les premiers âges, on y figurait la mort par un oiſeau de nuit, tel que le hibou, & non par un vieillard ; qu'on caractériſait l'impudence, non par un crocodile, mais par une mouche qu'on chaſſe & qui revient ſans ceſſe. Mais je ſuppoſe que Clément ait raiſonné juſte ; adoptons, pour un moment, l'interprétation qu'il donne à toutes les figures de l'inſcription ; qui nous empêche de la traduire ainſi ? *L'homme naît, l'homme meurt ; Dieu ſeul exiſte toujours ; on ne peut haïr l'Etre-Suprême, ſans impudence.*

Si on accorde qu'il y avait des inverſions dans la langue hiéroglyphique, comme nous en obſervons dans toutes les langues ſuſceptibles d'un certain rythme, on pourra traduire l'inſcription de Dioſpolis d'une manière encore plus biſarre, fans que le fens qu'elle préfente cefle d'être vraifemblable. On dira : *la haine de Dieu, ainfi que l'impudence, caractérifent le méchant, depuis fa naiffance jufqu'à fa mort.*

Il ne nous ferait pas difficile de donner dix fens différens aux fymboles de Diofpolis, & nous pourrions avoir dix fois tort, fans que la philofophie pût donner une feule fois raifon à Clément d'Alexandrie.

Il faut donc, dans une Hiftoire des Hommes, abandonner toutes les recherches qui ne tiennent qu'à l'art arbitraire des étymologies, laiffer l'explication des énigmes aux beaux efprits Orientaux, & ne point interpréter des hiéroglyphes par d'autres hiéroglyphes.

Il n'y a qu'un pas de l'art hiéroglyphique à celui de la peinture : auffi les Prêtres Egyptiens firent-ils croire à Platon qu'il y avait des Peintres dans leur Monarchie depuis dix mille ans (a) ; &

______
(a) *De legibus.* Dialog. 2.

cette chronologie, qui suppose des Raphaël en Egypte, à une époque où elle n'était habitée que par des poissons, paraît vraisemblable au Disciple de Socrate.

Il n'existe plus de tableaux Egyptiens, excepté peut - être quelques fresques au Memnonium, & dans les grottes souterraines de la Thébaïde, où les couleurs primitives n'ont pu être endommagées par des émanations humides, ou par l'action des feux du soleil. Mais on peut juger du progrès de l'art de la peinture en Egypte, par ceux de la sculpture ; or, il me paraît démontré que les Statuaires des Pharaons n'ont jamais produit un seul ouvrage qui ne pût être regardé en pitié, par le dernier des élèves d'un Michel-Ange.

J'ai parcouru les vastes collections des Kircher, des Montfaucon, des Caylus & des Winkelmann, pour y chercher quelques grouppes qui méritassent d'être gravés dans cet ouvrage, & je n'ai pas découvert une seule figure, qui ne blessât

eſſentiellement les principes élémentai-
res de l'art. Je ne puis être contredit ici
que par les Savants minutieux, qui ont
converti en manie, l'étude de l'antiquité.

Toutes les ſculptures de l'Egypte ont
d'abord un caractère de dureté qui tient
à la barbarie des ſiècles primitifs. On
n'y voit pas un ſeul Artiſte qui ait ſa-
crifié aux Graces. Jamais on n'y preſſent
ce beau naturel qui fait le charme de la
Vénus de Médicis ; encore moins ce
beau idéal, qui nous tranſporte dans l'A-
pollon du Belvédère, ou dans le Moyſe
de Michel-Ange.

Les Artiſtes Egyptiens ont dû connaître l'anatomie, puiſqu'ils ont perfec-
tionné la méthode des embaumemens;
cependant ils ne ſavent point exprimer,
dans les productions de leur ciſeau, les
muſcles ni les veines. Il n'y a rien de
ſi peſant & de ſi gêné, que l'attitude de
leurs perſonnages. Les proportions même
les plus frappantes du corps humain, d'ordinaire, n'y ſont pas obſervées. On re-

marque, par exemple, les oreilles beaucoup plus hautes que le nez, dans l'Harpocrate de Londres, & dans la fameufe tête Egyptienne de la vigne Altieri.

L'ignorance des Sculpteurs ne fe décèle pas moins dans la repréfentation des quadrupèdes & des monftres déifiés. Les contours des Apis ne font jamais dans les proportions de la nature. Les Sphinx les moins imparfaits n'ont pas leurs organes fexuels à leur place. Il eft vrai que des Commentateurs qui juftifient tout dans les Anciens, ont prétendu qu'en rapprochant, dans ces monftres, l'organe générateur du Lion de celui de la Vierge, on rendait plus fenfible le dogme d'une nature qui tira tout de fon fein, d'une nature hermaphrodite.

Jamais l'Egypte, fous les Pharaons, ne poffséda un feul Peintre ou un feul Sculpteur, dont la mémoire fût digne d'être confervée. Hermès ne lui appartient pas ; Antiphile, dont on parlait à Rome au fiècle de Quintilien, était un

Grec d'Alexandrie, qui apprit, dans l'Ar-
chipel, les principes du deſſin. Lorſqu'Au-
guſte , après la mort de Cléopâtre , s'empara des dépouilles de la maiſon des Ptolémées , il ne fit tranſporter à Rome
qu'un vaſe Murrin , & un tableau du
Grec Nicias , qui repréſentait Hiacynthe.
Tous les autres prétendus chef-d'œuvres
dont s'enorgueilliſſait l'ignorance Egyptienne, lui parurent indignes de décorer la capitale du monde.

Nous avons tâché d'apprécier l'architecture Egyptienne, dans nos vues philoſophiques ſur les pyramides.

L'éloquence n'a pu exiſter chez ce
peuple, ſerf d'eſprit & de corps , qui ne
ſecoua jamais ni les entraves politiques
du deſpotiſme , ni les chaînes morales où
la ſuperſtition fit languir ſon intelligence.

Dépourvu, par ſon caractère taciturne
& phlegmatique, de cette belle imagination, qui tient lieu de génie aux Orientaux , il eut un langage meſuré , ſans
avoir de poéſie.

On ne lui fuppofe une mufique que parce qu'on voit fur fés monumens, des fiftres, efpèce d'inftrumens à corde, dont la fabrique eft peu ingénieufe, & qui n'a pu produire aucune harmonie.

Ses connaiffances dans les arts mécha-niques furent auffi très-bornées. On croit que le hafard lui ayant procuré la fou-de, (on donne ce nom à la cendre d'une plante indigène à l'Egypte), il trouva le verre (*a*), & qu'il en fit de pe-tites colonnes & des coupes colorées qui jouaient l'émeraude. Au refte, la crédulité Arabe a prodigieufement déna-turé cette découverte : on a dit qu'il exiftait dans la plus grande des pyramides, une prodigieufe lame d'émeraude, fur laquelle Hermès avait gravé, à la poin-te des diamans, le fecret du grand-œu-vre. Cette *table fmaragdine* fut long-tems l'objet des recherches des Califes, quand

______

(*a*) Strab. *Geograp.* lib. 16.

ils firent ouvrir la maſſe énorme, qui ſervait de tombeau aux Pharaons.

Les Egyptiens gravaient ſur un grand nombre de pierres fines, ce qui ſuppoſé quelque notion des propriétés de l'émeril & de la poudre de diamant ; mais il n'exiſte pas un ſeul ouvrage de ce genre qui ſoit d'un beau ſtyle ; rien n'y eſt fini ; tout y annonce l'enfance de l'art, comme dans les ſtatues & dans les gaînes des momies.

Le Comte de Caylus n'a fait que conjecturer, quand il a attribué à l'Egypte des Pharaons, la connaiſſance de la porcelaine. Le Conſul Maillet s'eſt laiſſé encore plus égarer par ſon imagination, lorſqu'à propos de l'illumination du palais de Mycerin, dont parle Hérodote, il a ſuppoſé que les Egyptiens étaient verſés dans la compoſition des feux d'artifice & de tous les ſecrets de la pyrotechnie.

FASTES

DE LA MONARCHIE

DES PHARAONS.

LA chronologie de l'Egypte n'eſt digne des regards de l'Hiſtorien des Hommes, que depuis la dix-huitième dynaſtie du Prêtre d'Héliopolis.

Mais ſi les ſommes totales de ces dynaſties ſe trouvent exactes, les nombres individuels des règnes qui les compoſent ne le ſont pas ; & il faut l'attribuer à l'inexactitude du Syncelle, qui nous a tranſmis ce monument. On ne doit donc pas être ſurpris ſi nous nous occupons plus à juſtifier l'enſemble de cette antique chronologie, que ſes détails.

Voici quelques principes qui nous ont guidés, dans le débrouillement de ce cahos.

I.

Il a fallu d'abord examiner la grande queſtion, ſi les dynaſties étaient ſuccesſives ou collatérales ; à cet effet, nous avons pris les plus connues, c'eſt-à-dire, celles où la chronologie ſe concilie avec des faits avérés par les Hiſtoriens. Il eſt dit, par exemple, dans Manéthon, que la vingt-ſeptième dynaſtie commence à la cinquième année du règne de Cambyſe, époque où ce Prince ſe rendit maître de l'Egypte, & que nous avons placée, dans nos faſtes de la Perſe, ſous l'an 1705 de l'Ere de Calliſthène. Il y a, de cette conquête de l'Egypte par Cambyſe, juſqu'à l'invaſion entière de la Perſe par Alexandre (*a*), 197 ans, puiſque ce dernier

______

(*a*) Nous-ſuppoſons toujours la diſſolution de la Monarchie Egyptienne, à la même épo-

événement tombe à l'an 1902. Voyons
fi nos faftes s'accordent, à cet égard,
avec la chronologie du Prêtre d'Héliopolis (a).

La vingt-feptième dynaf-
tie de Manéthon donne pour
réfultat 124 122

	Années	jours.
La vingt-feptième dynaftie de Manéthon donne pour réfultat	124	122
La vingt-huitième	6	
La vingt-neuvième	20	122
La trentième	38	
La trente-unième	9	
TOTAL	197	244

que que le renverfement de l'empire des Perfes,
quoique l'Egypte ait fubi trois ans plutôt le
joůg d'Alexandre ; mais d'abord la conquête
de l'Egypte n'eft devenue ftable qu'en 1902,
lorfque le héros époufa Statyra, & fe fit couronner Roi de Perfe ; de plus, il fallait fuivre
Manéthon, dont les trente-une dynafties ne fe
terminent qu'après la mort du dernier Darius.

(a) Voyez dans les gravures *le tableau des
quatorze dernières dynafties des Pharaons.*

Cet accord singulier entre les fastes de l'Egypte & ceux de la Perse, démontre la chimère des dynasties collatérales ; & puisque les familles de Souverains, dont Manéthon nous a conservé la liste, se sont évidemment succédé dans les siècles de lumières, l'analogie conduit à croire qu'il en a été de même, à une époque inaccessible aux recherches de la chronologie.

Observons que dans ces cinq dynasties, il y a un Pharaon de Saïs, quatre Princes de Mendes, & trois Rois Sébennytes. Si on admettait ici les dynasties collatérales, il faudrait ôter de la somme totale, ou les 64 ans du règne de ces huit Egyptiens, ou les 133 de la tyrannie des Rois Perses ; ce qui renverse toute la chronologie du beau siècle d'Alexandre.

Eh ! comment imaginer que les dynasties de Manéthon sont collatérales, quand l'Historien qui les a rédigées n'en dit rien : Quand les Ecrivains qui nous

ont transmis ce monument, en conservent l'ordre primitif : quand on ne
peut intervertir cette marche de la chronologie d'Egypte, sans mutiler son histoire?

L'Egypte n'a jamais été une République fédérative de Souverains, comme
notre corps Germanique ; & si cette cons-
titution s'y était introduite, les Histo-
riens auraient eu soin de désigner la
puissance dominante ; mais Manéthon
ne distingue point les Rois de Bubaste
ou de Mendes, de ceux de Diospolis ;
& si ses dynasties sont collatérales, son
histoire est aussi absurde, que le serait
celle d'Allemagne, si on mettait dans
la même ligne l'Electeur de Trèves, ou
l'Abbé de Fulde avec les Successeurs de
Charles-Quint.

Manéthon n'a pas introduit lui-même, dans son histoire, le cahos qu'il
était de son devoir de débrouiller ; &
la postérité aurait droit de lui faire ce
reproche, si les familles royales, dont
il a calculé les règnes, ne s'étaient pas

fuccédé en ligne directe; fi pendant que Memphis avait fes Pharaons, This, Eléphantis, Bubafte, Mendes & Diofpolis, avaient eu auffi les leurs, & que leur Hiftorien eût gardé le filence le plus profond, foit fur cette multiplicité de Puiffances dans un Etat très-borné, foit fur la fubordination qui devait régner entre les petits Vice-Rois de l'Egypte, & les Souverains de la Métropole.

Les calculs qui font au bas des dynafties de Manéthon, démontrent encore leur fucceffion en ligne directe. L'Hiftorien, après avoir évalué la durée des règnes de chacune, a prefque toujours foin d'ajouter à fa fupputation la fomme totale de toutes les dynafties qui l'ont précédée. Dans l'hypothèfe des dynafties collatérales, fes fommes totales n'auraient embraffé que les mêmes principautés, & alors le défordre de l'enfemble aurait été réparé par l'ordre des détails.

L'idée des dynasties collatérales a pris naissance dans l'imagination de nos Savants de l'Europe moderne, qui ont voulu concilier Manéthon, non avec l'histoire d'Egypte, mais avec leurs vains systêmes; le Chevalier Marsham est le premier qui ait fait valoir cette opinion bisarre, pour donner une base à ses calculs; & depuis, tous les Ecrivains qui ont travaillé sur l'Egypte, enchantés de pouvoir retrancher de l'âge de cette Monarchie, les dynasties qui contredisaient leurs époques, ont adopté le paradoxe de Marsham, comme si c'était la clef de la chronologie.

Pour nous, qui ne faisons point de systêmes, qui n'avons point choisi de prédilection une nation particulière, pour lier de gré ou de force ses fastes avec ceux de toute la terre, qui ne cherchons que la vérité, & qui ne parlons que son langage, nous croyons que si l'Egypte a été gouvernée par des dynafties collatérales, elle ne peut avoir de chronologie.

Il ne faut en excepter que la dynaf-tie des Rois de Thèbes, dont les noms font parvenus jufqu'à nous, grace au canon d'Eratofthène. Mais auffi Manéthon n'en parle pas, & ce filence du Prêtre d'Héliopolis porte jufqu'à l'évidence, la vérité de notre opinion; affurément fi fes dynafties étaient collatérales, il n'aurait pas omis celle de Thèbes, & au lieu de trente-une familles de Souverains, nous en aurions trente-deux.

Il fuit du principe que les dynafties de Manéthon ne font point collatérales, qu'on peut fixer l'époque certaine du règne d'Amos, le premier des Pharaons dont la chronologie fe lie avec les monumens de l'hiftoire.

Nous avons vu que la trente-unième dynaftie du Prêtre Egyptien, fe terminait à l'an 1902 de l'Ere de Callifthène.

En remontant à la vingt-feptième,

nous avons trouvé, par la conciliation de Manéthon avec les Hiftoriens de la Perfe, que la conquête de l'Egypte par Cambyfe, devait tomber à l'an 1705 de la même Ere de Callifthène.

Si on fuit la progreffion jufqu'au commencement de la dix-huitième dynaf-tie, en réuniffant toutes les durées des règnes, fuivant les calculs de Jules-Africain, interprète de Manéthon, on trouve 1142 ans & 183 jours, nombre qui, ôté de 1705, nous conduit au milieu de l'an 562, époque de l'avènement d'Amos au trône de l'Egypte.

De cette première découverte, naît la lumière fur la chronologie des quatorze dernières dynafties de Manéthon.

I I.

Après avoir reconnu qu'il n'y avait que des dynafties directes dans le catalogue de Manéthon, nous nous fommes occupés à rechercher, quelle était la place de la dynaftie collatérale des

Rois de Thèbes, qui nous a été tranf-
mife dans le canon d'Eratofthène , &
nous avons trouvé, après les plus pénibles recherches, que le Menès qu'on
voit en tête du canon , répondait à
l'Amos , tige de la dix-huitième dynaftie du Prêtre d'Héliopolis.

Un texte de Jofephe, qui a échappé
aux Savants, eft le trait de lumière qui
nous a éclairé fur ce fynchronifme. L'Hiftorien Juif dit avoir lu , dans les ar-
chives de fa nation, que la Reine d'E-
thyopie, qui vint trouver Salomon, eft
celle que les Grecs ont fait connaître
fous le nom de Nitocris (*a*). Or , le
vingt-deuxième Souverain, dans la lifte

(*a*) *Antiq. Judaïc.* lib. 8 , cap. 6. — Il ne
faut pas confondre cette Reine Ethyopienne
avec Balkis, Reine de Saba, dont nous avons
parlé, *Hift. des Hommes* , partie ancienne,
tom. V , pag. 220, & qui partit de l'Hyemen ,
pour rendre une vifite au fils de David, vers
l'an 1250 de l'Ere de Callifthène.

d'Eratofthène (*a*), eft une Nitocris, foit originaire d'Ethyopie, comme Sabbacon, foit conquérante de cette partie de l'Afrique, comme Séfoftris. Eratofthène la place 670 ans après l'avènement de Menès au trône de Thèbes; elle régna 6 ans, & en fuppofant fa vifite la troifième année de fon règne, elle dut être à Jérufalem l'an 673 de l'Ere d'Eratofthène.

D'un autre côté, en confultant les annales des Hébreux, on voit que Salomon, dont on place la mort il y a 2760 ans, put recevoir la vifite de Nitocris la vingt-cinquième année de fon règne, qui tombe à l'an 1235 de l'Ere de Callifthène.

Or, cette année 1235, répond à l'an 673 de l'Ere d'Erathofthène; car fi on

------

(*a*) Voyez la gravure qui a pour titre *Tables chronologiques de l'Egypte dans le fyftême de la période de* 36,525 *ans.*

ôte ce dernier nombre du premier, on rencontre l'an 562, époque précise de l'avènement de Menès au trône de Thèbes.

Menès a donc commencé à régner en même-tems que l'Amos de Manéthon.

Depuis l'an 1235, époque du voyage de Nitocris en Paleſtine, il y a un intervalle de 377 ans juſqu'à la mort d'Amouthantaïos, dernier Roi du canon d'Eratoſthène. La fin de cette période tombe donc à l'an 1612, célèbre par les conquêtes de Nabuchodonoſor (*a*).

Il eſt évident que le héros de Babylone entra, à cette époque, dans l'Egypte, s'empara de Thèbes, & mit fin à la dynaſtie de Menès, & par conféquent au canon d'Eratoſthène.

Voilà le commencement, le milieu

____

(*a*) Voyez nos *Faſtes de l'Aſſyrie*, tom. V, pag. 148.

& la fin de cette période bien déter-
minés. Personne avant nous n'avait en-
visagé sous un pareil point de vue, le
catalogue des Rois de Thèbes; aussi avait-
il été regardé jusqu'ici comme l'écueil
de la chronologie.

III.

Il ne suffisait pas d'avoir reconnu que
l'Amos de Manéthon était monté sur
le trône l'an 562 de l'Ere de Callisthène,
& que le Menès du catalogue des Rois
de Thèbes, était son contemporain : il
s'élevait encore, sur la durée du règne
de cet Amos, un nuage qu'il était important de dissiper, pour n'être point
arrêté dans les époques des dernières
dynasties.

Le Manéthon de Jules-Africain n'a
point marqué combien d'années régna
Amos (*a*). Eusèbe, qui interprète le

(*a*) Voyez le *tableau des quatorze dernières
dynasties.*

même Manéthon , & le Syncelle qui interprète Eusèbe , fixent tous deux cette durée à 25 ans ; mais Josephe, qui, dans sa *Réponse à Appion* , a transcrit un fragment original du Prêtre d'Héliopolis , déclare expressément que ce Prince qu'il nomme Thémosis , depuis qu'il eut chassé les Pasteurs , régna encore 25 ans & quatre mois. Il est donc nécessaire de réformer à cet égard la dix-huitième dynastie de Manéthon , dans toutes les éditions différentes qui sont parvenues jusqu'à nous. Cette réforme , l'unique que notre délicatesse se permette, mérite d'autant plus l'indulgence publique , qu'elle est fondée sur un fait évident , & que sans elle il est impossible de régler la chronologie de l'empire des Pharaons.

Quand on réfléchit sur les exploits d'Amos , sur la peine incroyable qu'il eut de chasser de l'Egypte les Pasteurs qui l'avaient démembrée, on est conduit, par la logique naturelle, à supposer que

ce Prince avait déja régné près de vingt
ans, quand les Pasteurs disparurent ; Amos
fut donc en tout au moins 44 ans sur
le trône d'Egypte.

Au reste, en réformant ainsi la durée
du règne d'Amos, à Dieu ne plaise
que nous allongions la durée totale de
la dynastie ! Les 263 ans du calcul de
Jules-Africain, doivent subsister dans
toute leur intégrité, & il ne s'agit que
de retrancher des autres règnes de la dix-
huitième dynastie, le nombre d'années
qu'une critique sage & impartiale nous
oblige à ajouter au règne du Prince qui
en est la tige.

Manéthon, suivant l'édition de Jules-Africain (la plus authentique de
toutes), donne, comme nous l'avons
dit, 263 ans de durée à la dix-huitième
dynastie ; & en calculant tous les règnes individuels, nous n'en trouvons
que 259 ; si les règnes individuels étaient
évalués avec justesse, il est évident qu'il
n'en faudrait donner que quatre à Amos ;

mais puifque l'enchaînement des fairs nous conduit à faire monter ce nombre à 44, le feul parti qui noús refte, eft de retrancher 40 ans des règnes fuivans de la même dynaftie.

Et ce retranchement, pout fe concilier avec la dialectique de l'hiftoire, doit tomber fur les trois règnes fuccesfifs d'Aménophis, d'Horos & d'Acherres, dont l'un eft marqué de 31 ans, l'autre de 37, & le dernier de 32; en les réduifant tous également à vingt ans, on fe rencontre à la fois avec la raifon & avec la chronologie.

Voici le tableau de cette dix-huitième dynaftie ainfi réformée.

AMOS, règne . . .	44 ans.
CHÉBROS	13
AMENOPHTIS . . .	21
AMERSIS	22
MISAPHRIS	13
MISPHRAGMOUTOSIS .	26
TOUTHMOSIS . . .	9
AMÉNOPHIS	20

HOROS . . . . 20 ans.
ACHERRES I. 20
RATHOS. 6
CHÉBRES 12
ACHERRES II. . . . 12
ARMESÈS. 5
RAMNESÈS 1
AMENOPH 19

La somme totale, parfaitement d'accord avec celle de Manéthon, se trouve de 263

I V.

Nous aurions desiré pouvoir concilier aussi aisément avec la chronologie, un autre texte de Josephe, sur l'époque de l'expulsion des Pasteurs ; mais le problême nous paraît inexplicable, quand on ne veut point plier la vérité aux préjugés, & les faits aux conjectures.

L'Historien des Juifs dit que son Thémosis, qui est l'Amos de Manéthon, vingt-cinq ans & quatre mois avant ſa mort, chaſſa de l'Egypte les Paſteurs Juifs, qui allèrent bâtir Jéruſalem (*a*).

Ce grand évènement, dans les annales des Hébreux, arriva donc un peu plus de vingt-cinq ans après l'établiſſement de la dix-huitième dynaſtie, c'eſt-à-dire, l'an 587 de l'Ere de Calliſthène.

Voyons ſi d'après les données de Joſephe, pour réſoudre ce problême, il eſt poſſible à la chronologie de retrouver cette époque.

L'Hiſtorien Juif dit, dans le même chapitre de ſa réponſe à Appion, que les Paſteurs ſes ancêtres ſortirent de l'Egypte, 393 ans avant que Danaüs vint à Argos. Je vais conſulter la chronique de Paros, & je trouve à l'article IX que le Pentecontore, navire qui portait Danaüs, aborda en Grèce 1247 ans avant

----

(*a*) *Réponſe à Appion*, chap. V.

l'érection de ce beau monument chronologique : époque qui correspond avec
l'an 1511 avant notre Ere vulgaire, ou
avec l'an 719 de l'Ere de Callisthène.

Si vous ôtez 393 de ce nombre 719,
vous remontez à l'an 326, date de l'expulsion des Pasteurs, suivant Josephe,
mis en regard avec l'Auteur de la chronique de Paros.

Mais puisque la vingt-sixième année
d'Amos, où arriva cet évènement mémorable, correspond, comme nous l'a-
vons vu, à l'an 587 de l'Ere de Callisthène, il s'ensuit qu'il y a une erreur de
261 ans dans le calcul de l'Historien des
Hébreux.

Le nœud gordien est encore plus difficile à délier, quand on lit au chapitre
9 de la Réponse à Appion, que ce fut
la quatrième année du règne d'Amos,
que les Pasteurs furent chassés ; lequel
croire, du Josephe, qui, dans le chapitre 5, rapporte cet évènement au milieu
de la vingt-sixième année du règne de

cet Amos, ou du Jofephe, qui, dans le chapitre 9, en fixe la date à la quatrième année du même Pharaon ?

Quelque parti que l'on prenne, il y a ou un anachronifme de 261 ans, ou un autre de 240 dans la chronologie de Jofephe.

Nous n'avons pas encore expofé tous les nuages élevés par l'Ecrivain Juif, autour de l'évènement dont il veut fixer la date. Il affure, au chapitre V de fa réponfe à Appion, d'après un aveu du Prêtre d'Héliopolis, que les Pafteurs Juifs fortirent de l'Egypte près de mille ans avant la guerre de Troye. Je reviens à la chronique des Marbres, & je trouve à l'article XXII que la guerre de Troye fut entreprife l'an 13e de Menefthée, Roi d'Athènes, qui répond à l'an 1218 avant l'Ere vulgaire, ou à l'an 1012 de l'Ere de Callifthène.

Si vous ôtez mille ans de ce nombre, vous rencontrez l'an 12, & alors les Juifs

auront été chaffés de l'Egypte 550 ans
avant le règne d'Amos.

Les Savans qui ont voulu concilier
Jofephe avec la Bible, avec les Marbres &
avec lui-même, n'ont pas été plus heureux. Les partifans du texte hébreu met-
tent la fortie des Juifs de l'Egypte, à l'an
1491 avant notre Ere vulgaire, ce qui
répond à l'an 739 de l'Ere de Callifthène;
ceux qui fuivent le texte Samaritain,
reculent cet évènement à l'an 1596 avant
notre Ere, ou à l'an 634 de celle
de Callifthène : dans la première hypothèfe, la fortie des Juifs eft pofté-
rieure de 177 ans au règne d'Amos;
dans la feconde, elle l'eft encore de
72.

Que ferait-ce, fi on prouvait à Jofephe que les Hébreux n'ont point été
connus en Egypte fous le nom de Pafteurs; qu'ils n'y ont point formé une
dynaftie de Souverains; qu'après avoir
paffé la mer rouge, ils n'ont point été
bâtir Jérufalem ? Mais ma plume fe refufe

à la critique d'un Ecrivain, dont la mémoire est chère à la moitié de l'Europe ; je n'ai voulu que justifier l'Histoire des Hommes de n'avoir point adopté sa chronologie.

V.

Il est dit dans les fragmens qui nous restent de Manéthon, que ce fut sous le règne de Misphragmoutosis, sixième Roi de la dix-huitième dynastie, qu'arriva le déluge de Deucalion.

Le déluge de Deucalion, dans la chronique des Marbres, article IV, est placé 1265 ans avant l'Archontat de Diognete, c'est-à-dire, l'an 701 de l'Ere de Callisthène.

Nous avons prouvé, Principe II, qu'A-mos, chef de la dix-huitième dynastie, monta sur le Trône l'an 562 ; & si, suivant les calculs du Principe III, vous réunissez à ce nombre de . . . 562

Pour le règne d'Amos, . . . 44

Pour celui de Chebros, . . 13

Pour celui d'Amenophtis, . . 21

Pour celui d'Amersis, . . . 22

Pour celui de Misaphris, . . 13

Et pour celui de Misphragmoutosis, ... 26

Vous trouverez précisément . 701

Ou l'époque exacte du déluge de Deucalion.

V I.

Manéthon dit de Thuoris, sixième Roi de la dix-neuvième dynastie, que ce Pharaon est le Polybe d'Homère, qui épousa Alcandra, & sous le règne duquel arriva la prise de Troye.

Si on consulte la chronique de Paros, article XXIII, on voit que Troye fut prise 945 ans avant l'Archontat de Diognete, c'est-à-dire, l'an 1021 de l'Ere de Callisthène.

Or, joignez au nombre qui désigne

le commencement du règne d'Amos,
c'est-à-dire, à 562
la somme totale de la dix-huitième dynastie, ou 263
& les durées des règnes des cinq
prédécesseurs de Thuoris, c'est-
à-dire, ... 197
alors la réunion de ces nombres ———
vous conduira à l'an 1022
qui concourt (à un an près) à l'époque
de la prise de Troye (a).

V I I.

Un des traits de lumière les plus frap-
pans de notre chronologie, est la conci-

(a) Pline met la prise de Troye sous le
règne de Ramesès : *Ramisès*, dit-il, *is quo
regnante Ilium captum est*. Voy. *Histor. Natur.*
lib. 36, cap. 8. Ce Ramesès, le quatrième
Roi de la dix-huitième dynastie, n'est séparé
de Thuoris que par un règne de cinq ans.
Ainsi l'erreur de Pline pourrait n'être que de
quatre ; il est difficile, à une époque si reculée,
de rencontrer plus de synchronismes.

liation des dynasties de Manéthon avec l'Ere des Olympiades.

Le savant Prêtre d'Héliopolis dit que ce fut sous le règne de Pétoubates, le premier Roi de la vingt-troisième dynastie, que la Grèce commença à compter la première de ses Olympiades.

Nous savons, d'un autre côté, par les fastes de l'histoire Grecque, que la première annnée de la première Olympiade, où la Couronne fut décernée à Corœbe, tombe 776 ans avant notre Ere vulgaire, c'est-à-dire, l'an 1454 de l'Ere de Callisthène.

Puisque l'extinction totale des dynasties Egyptiennes se rapporte (ainsi que nous l'avons vu, principe I) , à l'an 1902, il y a donc eu un intervalle de 448 ans, entre cet évènement mémorable & l'établissement de l'Ere des Olympiades.

Or la chronologie de Manéthon se concilie parfaitement avec celle de la Grèce.

La trente-unième dynaſtie donne un réſultat de . . . . .   9 ans. jours.

La trentième, de . .   38
La vingt-neuvième , de   20   122
La vingt-huitième, de .   6
La vingt-ſeptième , de . 124   122
La vingt-ſixième , de . 150   183
La vingt-cinquième , de   40
La vingt-quatrième , de .   6
La vingt-troiſième (juſques vers le milieu de la trente-cinquième année du règne de Petoubates) , de .   53   303

La ſomme de tous ces règnes , eſt de 448

Ainſi le milieu de la trente-cinquième année du règne de Petoubates , concourt avec l'établiſſement de l'Ere des Olympiades.

V I I I.

Je trouve encore une baſe , pour ma chronologie des Olympiades , dans un texte de Dicéarque, Hiſtorien antérieur à Eratoſthène & à Manéthon. Voici ce texte précieux qui nous a été conſervé par le Scholiaſte d'Apollonius (*a*).

» Après Horos, fils d'Iſis & d'Oſiris, » Seſonchoſis régna. Du règne de Seſon-» choſis à celui de Nilus, il y a eu 2500 » ans, & du règne de Nilus à la pre-» mière Olympiade, 436 : de ſorte que » la ſomme de toutes ces années réunies, » forme un nombre de 2936 ans «.

Ce problême était d'autant plus diffi-cile à réſoudre, qu'il y a dans le catalo-gue des Rois d'Egypte, trois Pharaons différens qui portent le nom de Nilus.

Le premier eſt Armecès-Miamun (*b*), l'anti-pénultième Souverain de la dix-huitième dynaſtie de Manéthon, ſuivant Jules Africain, & le pénultième ſuivant

---

(*a*) Lib. 4, verſ. 272. Voy. auſſi Marsham *Canon. Chronic.* pag. 248.

(*b*) Voyez Apollodore, lib. 2, cap. 1.

Jofephe. Ce Nilus ne peut être celui de Dicéarque, parce qu'il a commencé à régner 182 ans, avant l'époque défignée.

Le fecond Nilus eft Phrouron, le pénultième Roi du canon d'Eratofthène. Mais fi, comme nous l'avons déja prouvé, le Minès de ce Philofophe, contemporain de l'Amos de Manéthon, a commencé à gouverner l'Egypte l'an 562 de l'Ere de Callifthène, il s'enfuit que Phrouron eft monté fur le Thrône l'an 1544, ce qui ne précède que de 110 ans la première Olympiade.

Il ne nous refte, pour réfoudre la queftion, que le Nilus de Diodore, que cet Hiftorien place entre des Rois fainéans & des Rois anonymes.

Il y a dans le catalogue de Diodore des intervalles entre ce Nilus & le renverfement de l'Empire des Perfes, mar-

---

(a) Voyez les *Tables Chronologiques* pour le fyftême de la grande période.

qués par des nombres, & d'autres dont il faut suppléer la chronologie.

Les intervalles marqués par des nombres comprennent une série de 655 ans; mais cette série n'est point exacte, en ce que l'espace entre la cinquième année du règne de Cambyse & l'invasion d'Alexandre, n'est marqué qu'à 135 ans, tandis qu'il s'en est écoulé 197, ainsi que nous l'avons prouvé dans les fastes de la Perse; il faudrait donc ajouter 62 ans à la supputation de Diodore. D'un autre côté, une critique éclairée doit aussi réformer dans cette notice les règnes successifs des deux frères Chemnis & Cephren, dont l'aîné est censé gouverner l'Egypte 50 ans, & le cadet 56. En donnant à chacun de ces deux Princes 20 ou 22 ans de règne, suivant le principe de Newton (*a*), le retranchement irait au même nombre de 62; alors les

____

(*a*) *Chronologie réformée*, pag. 53.

deux erreurs fe compenfent, & nous laiſſerons ſubſiſter le calcul de Diodore.

Le règne de Mycerin eſt fixé, par Hérodote (a), à   7

Celui de Pſammétique (b), à   54

Le tems de l'invaſion de l'Ethyopien Sabbacon, eſt marqué par le même Hiſtorien, à un demi-ſiècle; mais ce menſonge chronologique d'Hérodote eſt aſſez réfuté par ce mot qu'il ajoute : *que l'aveugle Anyſis qu'il avait détrôné le remplaça*. Il vaut mieux pour ce règne momentané du Conquérant Sabbacon, adopter le calcul raiſonnable du Manéthon de Jules Africain, qui ne le porte qu'à   8

Quant à Boccoris & aux ſept Rois anonymes qui ont ſuccédé à

(a) *Euterpe* ou lib. 2.
(b) Hérod. *ibid.*

Nilus, ſi on leur donne les 20 ans
du calcul de Newton, cet intervalle formera 160

Et la réunion des nombres
donnera 884

Maintenant ſi on ôte ces 884 ans des
1902 de l'Ere de Calliſthène, qui forment l'époque de la réduction de l'E-
gypte & de la Perſe ſous le pouvoir
d'Alexandre, on remonte à l'an 1018,
tems où régnait Nilus ; & de cette année
1018, il y en a juſte 436 juſqu'en 1454,
époque de la première Olympiade.

Quant aux vingt-cinq ſiècles que Di-
cearque compte du règne de Nilus à
celui de Séſonchoſis, comme ils tiennent
à l'âge des fables, nous n'avons pas dégradé l'Hiſtoire des Hommes juſqu'à en
fixer la chronologie.

I X.

Parmi les règnes des Pharaons, il n'y
en a point dont la chronologie ait été

plus embarrassé à déterminer l'époque, que celui de Séthos, chef de la dix-neuvième dynastie, appellé Céthosis-Ramessès par Josephe, & plus connu parmi nous sous le nom du grand Sésostris.

Agathias plaçait ce Prince avant le Ninus de l'Assyrie (*a*), qui commença à régner l'an 93 de l'Ere de Callisthène.

Apollodore lui faisait conduire des colonies dans la Colchide, avant l'expédition des Argonautes (*b*), c'est-à-dire, vers l'an 938, ce qui le rapproche de nous de huit siècles de plus, que dans le système d'Agathias.

Le Scholiaste d'Apollonius ne calcule point, d'après des probabilités, il fixe l'avènement de Sésostris au Trône de l'Egypte, 2900 ans avant l'Ere des Olympiades, date qui tombe à l'an 1255 de l'Ere de Callisthène.

(*a*) Lib. 2, pag. 55.
(*b*) *Argonaut.* lib. 4.

Les Savans de l'Europe moderne, par leurs conjectures ingénieuses, n'ont fait qu'épaissir, autour de cette époque mémorable, les nuages que leur érudition avait promis de dissiper.

Il y en a qui, trompés par l'identité de nom, & par le fracas des conquêtes du Héros Egyptien, ont cru qu'il avait régné à Babylone, & qui le confondent avec un Séthos Assyrien, qui monta sur le Trône l'an 449 de l'Ere de Callisthène.

Genebrard veut que Séfoftris vécût pendant la guerre de Troye (*a*), c'eft-à-dire, vers l'an 1012 de l'Ere que nous avons adoptée, & l'immortel Fénélon a fuivi cette opinion dans fon Télémaque, parce qu'elle fe prêtait davantage au merveilleux de l'Epopée.

Le Jéfuite Tournemine décide que notre Pharaon gouvernait l'Egypte, 46 ans

____

(*a*) *Chronogr.* lib. 1, pag. 100.

avant la naiſſance de Moyſe (*a*), époque qui répond, ſuivant ce critique, à l'an 1661 avant l'Ere vulgaire, & ſuivant nous, à l'an ,69 de l'Ere de Calliſthène.

Le Chevalier Marsham confond Séſoſtris avec le Séſac de la Bible, qui pilla Jéruſalem ſous Roboam, & il les fait vivre tous deux près de deux ſiècles avant Sardanapale (*b*), que nous avons vu détrôné par Arbace, l'an 1425 de l'Ere qui ſert de baſe à l'Hiſtoire des Hommes.

Newton, le grand Newton dans ſa *Chronologie réformée*, part d'un autre principe, & arrive au même réſultat ; mais non content de faire de Séſoſtris le Séſac des Hébreux, il le confond encore avec l'Oſiris de Manéthon, qui aurait vécu, s'il avait exiſté, il y a 7860 ans (*c*), c'eſt-à-dire, trente - huit ſiècles

----

(*a*) *Chronologie ſacrée*, à la fin de l'édition de Ménochius.

(*b*) *Canon. Chronic.* pag. 358.

(*c*) Voyez parmi nos gravures celle qui a pour titre : *Chronologie de l'Egypte.*

& demi , avant l'Ere sur laquelle est fondée notre chronologie.

L'illustre Freret , qui a défendu avec succès les monumens de l'histoire, contre le génie destructeur de Newton , se rapproche un peu plus de notre supputation , en supposant que le Conquérant Egyptien est antérieur de près de cinq siècles au Séfac de l'Ecriture (*a*) , ce qui conduit le commencement de son règne vers l'an 756 de l'Ere de Callisthène.

Le systême le plus suivi est celui d'Usher, Archevêque d'Armagh (*b*) , fortifié ensuite de nouvelles preuves par Cumberland, Evêque de Peterborough (*c*). Ce célèbre Chronologiste suppose que Sésostris était le frère de Danaüs d'Argos, & le fils d'Amenoph , dernier Roi de la dixhuitième dynastie de Manéthon , que

***

(*a*) *Défense de la Chronologie*, pag. 239.

(*b*) *Annales veteris & Novi Testamenti*, ad annum 2513.

(*c*) *Sanchoniat.* sect. 4 , pag. 387.

Moyſe ſubmergea dans le paſſage de la mer rouge.

Malheureuſement toute cette généalogie ne porte ſur aucun titre. Les Savans ont démontré à Usher qu'il n'y avait aucun rapport ni de parenté, ni d'actions mémorables, ni de dates, entre Séſoſtris & l'Egyptus des Grecs, qui fit épouſer, dit-on, ſes cinquante fils aux cinquante filles de ſon frère Danaüs (*a*). De plus, le Conquérant Egyptien n'eſt point le fils d'Amenoph. Joſephe qui ſert pour ce fait hiſtorique d'autorité à Usher, dit formellement que Manéthon s'eſt

---

(*a*) Voyez ſur-tout comment cette hypothèſe eſt pulvériſée dans la ſavante *Hiſtoire du Monde* de Shuckford, tom. 3, pag. 214. Usher paraît avoir fondé ſon opinion ſur un ſurnom d'Egyptus, donné à Séſoſtris par Joſephe, qui s'inquiétait peu de contredire Diodore, Hérodote, & tous les monumens de l'antiquité, pourvu qu'il liât l'hiſtoire des Hébreux avec les annales du reſte du monde.

contredit lui-même , quand il a fait de ce Prince le Pharaon submergé (a) Une démonstration non moins forte du néant de ce système, c'est qu'il est impossible que Séfostris, chef de la dix-neuvième dynastie, ait été le fils du dernier Roi de la dix-huitième. Un fils qui hérite du Trône de son père, ne fonde point de dynastie. Je ne parle pas de l'absurdité qu'il y a, à faire partir Séfostris pour la conquête du monde, l'année d'après le naufrage d'Amenoph & de son armée dans la mer rouge.

Ushér & tous les Chronologistes qui ont parlé de Séfostris , se sont égaré dès le premier pas , parce qu'ils ont voulu plier non leurs systêmes aux faits , mais les faits à leurs systêmes. Pour nous qui n'épousons aucune secte , & qui ne cherchons à nous rencontrer qu'avec la vérité, nous placerons la date du règne de Sé-

____

(a) *Réponse* à *Appion* , liv. 1, chap. 26.

foſtris où elle eſt, & non où l'imagination voudrait qu'elle fût. Si , comme tout porte à le croire, les dynaſties de Manéthon , malgré l'inſuffiſance des détails , eſt le ſeul monument auſhentique qui nous reſte ſur l'ancienne chronologie de l'Egypte, il faut faire tomber l'avènement de Séſoſtris au Trône, à l'an 825 de l'Ere de Calliſthène.

Au reſte Strabon (*a*) , ainſi que Pline, Diodore & Hérodote , en plaçant ce Prince long-tems avant la guerre de Troye , ne s'éloignent pas du calcul où nous entraîne la logique & l'autorité du ſavant Prêtre d'Héliopolis.

Et ſi on deſirait une preuve encore plus préciſe de la juſteſſe de notre évaluation , on la trouverait dans un texte d'Ariſtote , qui fait vivre Séſoſtris vers le tems de Minos (*a*). La chronique des

---

(*a*) *Géograp.* lib. 1 & 17.
(*b*) *Politiç.* lib. 7 , cap. 10.

Marbres fait régner ce Monarque de Crête l'an 798 de notre Ere, & puisque nous plaçons Séfostris à l'an 825, il n'y a que 27 ans de différence entre les deux époques; ce synchronisme est de la plus grande force pour les Savans qui connaissent le cahos de l'ancienne chronologie.

———

Tels font les principes fur lesquels nous avons fondé les fastes de l'Egypte. Nous n'avons point mutilé les mémoires originaux des Anciens pour fervir de base à de vaines conjectures ; nous n'avons cherché que des faits, & nous avons eu le bonheur de rencontrer une chronologie.

Quant aux règnes obfcurs de cette foule de Pharaons inconnus qui ont vécu avant Amos, & qui n'ont rien fait pour vivre dans la mémoire des générations, on ne doit point exiger de nous que nous les enchaînions tous par des dates précifes à l'hiftoire. Contents d'avoir tracé des routes au milieu de cette an-tique forêt où fe fonr égarés tant d'hom-mes célèbres, nous laiffons à la poftérité le foin de marquer d'un fceau particu-lier jufqu'aux arbres qui la compofent.

ORDRE DES ÉVÈNEMENS

DE

L'HISTOIRE DES PHARAONS,

DONT ON NE PEUT FIXER

LA CHRONOLOGIE.

Menès, chef de la première dynas-tie, dessèche une partie de l'Egypte, la police, & lui donne des loix.

Il fonde le polythéisme dans sa Monarchie, & prépare la lutte terrible des siècles qui le suivirent, entre le Trône & le Sacerdoce.

Fondation de Crocodilopolis.

Erection d'une pyramide.

Le premier des Pharaons est dévoré par un hippopothame.

Athotis, chez le plus ignorant des peuples, à peine civilisés, écrit, dit-on, fur le trône des livres d'anatomie.

OUÉNÈPHES. Famine & pefte dans l'E-
gypte , fous ce Pharaon.

SÉMEMPHIS. Contagion à l'époque de
ce règne , qui menace d'anéantir la race
des hommes.

BIENACHÈS. Détrônement de ce Prince,
dont la couronne paffe à une autre dynaftie.

BOÉTHOS , tige de la feconde dynaftie , tire fon origine de la ville de This.
Tremblement de terre à Bubafte , qui
fait périr une foule d'Egyptiens.

CHAÏACHOS. C'eft fous ce Pharaon
que le bœuf Apis voit faire fon apothéofe.

BINOTHRIS. Il donne une loi qui ad-
met les femmes à la couronne.

SÉSOCHRIS. Manéthon donne une
taille de huit pieds & demi à ce Pharaon.

NÉCHÉROPHÈS. Ce Roi , originaire de
Memphis , enlève la couronne à la mai-

son royale de This, & fonde la troisième dynaftie.

Guerre entre l'Egypte & la Lybie. La
paix fe fait, grace à un Météore.

Tosorthros. C'eft l'Efculape des
Grecs; il cultive les arts & les encou-
rage. C'eft à lui que l'Egypte doit fes
premiers édifices en pierres de taille.

Soris. Ce Prince, originaire de Memphis, établit la quatrième dynaftie.

Souphis I. Il écrit des livres d'athéifme,
& bâtit des pyramides.

Sésochris, iffu d'une famille diftinguée d'Eléphantis, enlève la couronne à
la maifon royale de Memphis, & fonde
la cinquième dynaftie.

Othoès chaffe les Rois d'Eléphantis
& rend le trône à la poftérité des anciens Pharaons.

Ce chef de la fixième dynaftie eft tué
par fes gardes.

Phiops monte fur le trône âgé de fix
ans, & ne le quitte que pour mourir;
il avait vécu un fiècle entier.

Ici devrait se placer le Busiris II. de Diodore, si on donnait à l'Ecrivain Grec une chronologie.

Ce Busiris II. fonde une ville de Thèbes.

Après Busiris II. paraît, suivant le même Diodore, un Osymandias qui fait beaucoup de conquêtes, qui érige beaucoup de monumens, & dont l'existence est cependant encore un problême pour l'histoire.

Nitocris. Cette Princesse, venge par un crime, la mort de son frère ; elle bâtit des pyramides.

Prêtres-Rois de Memphis. Ils fondent la septième dynastie. Règnes de soixante & dix d'entr'eux, qui ne durent qu'un jour.

Pharaon Séculier de Memphis. Il rélègue, dans leurs temples, les Prêtres-Rois, & transmet sa couronne à vingt-six Princes de sa maison. Ces vingt-sept règnes composent la huitième dynastie.

Acthoès d'Héracléopolis, est la tige

de la neuvième dynaftie. Ce Prince, le tyran de fes peuples, eft dévoré par un crocodile.

On pourrait peut-être placer ici l'U-CHORÉE de Diodore, que cet Ecrivain ne défigne que comme le huitième des fucceffeurs d'Ofymandias. Uchorée paffe pour le vrai fondateur de Thèbes.

PHARAONS D'HÉRACLÉOPOLIS. Cette dixième dynaftie eft compofée de dix-neuf Princes fainéants, dont les noms mêmes n'ont pu échapper à l'oubli.

PRÊTRES-ROIS DE THÈBES, qui rè-gnent entr'eux quarante-trois ans.

AMMÉNÈMES détrône les Prêtres-Rois de la onzième dynaftie.

SÉSONCHORIS, originaire de Thèbes, établit la douzième dynaftie.

AMMANÈMES, au bout de trente-huit ans de règne, eft maffacré par fes Eu-nuques.

SÉSOSTRIS. C'eft le premier héros de ce nom. On lui attribue des conquêtes impoffibles.

Lacharès. Une tradition probablement fabuleuse, lui fait bâtir un labyrinthe.

Prêtres-Rois de Thèbes. Ils ressuscitent la théocratie. Soixante d'entr'eux tiennent le sceptre de l'Egypte chacun trois ans. Le dernier ne veut pas descendre du trône. Son ambition ruine les Princes de cette treizième dynastie.

Pharaons de Xoys. Ils détrônent les Prêtres de Thèbes, & conservent l'empire pendant 484 ans à leur maison. C'est la quatorzième dynastie.

Saïtès. Ce chef de la quinzième dynastie est un Phénicien qui fait la conquête de l'Egypte. Un de ses successeurs rebâtit la ville d'Avaris.

Pasteurs Grecs. On suppose trente-deux Rois dans cette seizième dynastie, qui règnent entr'eux tous 518 ans, ce qui est moralement impossible.

Prêtres-Rois de Thèbes. Nouvelle théocratie. Le sceptre passe à 43 Pontifes de la nation, qui règnent chacun trois ans , excepté le dernier , qui se maintient dans le pouvoir suprême pendant 27 ans, & qui ensuite est détrôné.

Dynastie collatérale de Prêtres étrangers , qui règnent à une extrémité de l'Egypte , le même intervalle que les Prêtres de Thèbes. Ces deux branches de Prêtres-Rois forment la dix-septième dynastie du Prêtre d'Héliopolis.

C'est ici qu'il faudrait peut-être ranger le règne du Roi Mœris & la création de son lac merveilleux, s'il était possible de lier, avec Manéthon & les faits, la chronologie de Diodore.

ORDRE DES ÉVÈNEMENS

DONT ON PEUT FIXER LA CHRONOLOGIE.

	Ere de Callif-thène.	Durée jufqu'à nous.
Amos, tige de la dix-huitième dynaftie, monte fur le trône de l'Egypte l'an	562	3448
Il nomme Minès Vice-Roi de Thebes, & celui-ci fonde une dynaftie col-latérale qui conferve, pen-dant dix fiècles & demi, le fceptre de la haute-Egypte.		
Avènement de Chébros au trône des Pharaons ..	606	3404
Aménophtis lui fuc-cède.	619	3391
Mort du Vice-Roi de Thèbes Minès. Athotès I,		

	Ere de Callif thène.	Durée jusqu'à nous.
fon fils, hérite de fa couronne, & peut-être la rend indépendante. . . .	624	3386
S'il eſt permis de concilier le Pantateuque avec la chronologie de Manéthon, on peut placer la fameuſe fortie d'Egypte, fous la conduite de Moyſe, la quatorzième année du règne d'Aménophtis . . .	633	3377
Mort d'Aménophtis, & avènement d'Amerſis. . .	640	3370
Commencement du règne de Miſaphris. . . .	662	3348
Avènement du Pharaon Miſphragmoutoſis.	675	3335
C'eſt à la huitième année de ce Pharaon, qu'il faut placer la première de l'Athotès II. du canon d'Eratoſthène	683	3327
Touthmoſis monte fur le trône de Memphis. .	701	3309

	Ere de Callif-thène.	Durée jusqu'à nous.
Aménophis, remplace Touthmosis fur le trône de Menès.	710	3300
La cinquième année de Touthmosis, le Roi de Thèbes Athotès II. meurt, & Diabiès, fon fils, hérite de fa couronne. . . .	715	3295
Horos monte fur le trône des Pharaons. . . .	730	3280
Pemphos, frère de Diabiès, lui fuccède dans la royauté de Thèbes. . . .	734	3276
Acherres I. commence à régner à Memphis. . .	750	3260
Le Géant Toïgar commence à régner dans la Thébaïde.	752	3258
Rathos devient Roi de Memphis.	770	3240
Chébros fuccède à Rathos.	776	3234
Acherres II. remplace Chébros	788	3222

	Ere de Callif-thène.	Durée jusqu'à nous.
Armesès devient Roi, monte sur le trône d'A- mos.	800	3210
Ramnesès commence à gouverner dans Memphis.	805	3205
Aménoph remplace Ra- nesès	806	3204
Commencement de la dix-neuvième dynastie. Sé- thos, ou le grand Séfostris, devient un des Pharaons.	825	3185
Mort du Roi de Thè- bes Toïgar , la sixième année du règne de Séfof- tris. Le Pharaon, qui avait l'ambition de tout subju- guer, ne laissa pas , sans doute , au milieu de ses Etats , un Roi indépen- dant ; ainsi il rétablit dans son ancienne splendeur, l'Egypte démembrée de- puis plus de deux siècles & demi , & ne donna		

	Ere de Callif-thène.	Durée jufqu'à nous.
Thèbes à Stoïchos, fils de Toïgar, que comme un fimple Gouvernement. Ce Stoïchos, au refte, qu'Eratofthène nous repréfente comme un automate, dut fubir, fans peine, le joug qu'on lui impofait. Pourvu qu'on lui laifsât de vains honneurs, peu lui importait qu'on lui ôtât le pouvoir	831	3179
Il eft probable que Séfoftris, mécontent de fon faible Vice-Roi de Thèbes, le deftitua, & lui donna pour fucceffeur un Goformies, qui ne paraît point le fils de Stoïchos dans le canon d'Eratofthène	837	3173
Commencement des conquêtes fabuleufes de Séfoftris, à la tête de fes		

	Ere de Callisthène.	Durée jusqu'à nous.
six cents mille hommes de pied, de fes vingt mille chars armés en guerre & de fes vingt-quatre mille chevaux.	840	3170
Le paladin achève fa conquête du monde en neuf ans, & rentre en Egypte.	849	3161
Il eft fur le point d'être brûlé dans fa tente par la perfidie de fon frère. Il fe fauve fur le corps de fes enfans.		
Il attèle les Rois qu'il avait vaincus à fon char de triomphe.	850	3160
Armée Egyptienne licentiée. Adminiftration intérieure. Propriété des terres rendue aux Egyptiens. Divifion de la Monarchie en trente-fix Nomes ou Gouvernemens.		

	Ere de Callisthène.	Durée jusqu'à nous.
Séfostris élève dans l'Egypte divers monumens pour la fortifier & l'embellir.	851	3159
Canal communiquant du Nil à la mer Rouge, ordonné (je ne dis pas exécuté) par le Pharaon.		
Séfostris remplit l'Egypte de ses obélisques & de ses statues.	860	3150
Ce Prince s'imagine qu'on peut fortifier un empire comme on fortifie une place ; il fait travailler à un rempart de quinze cents stades, conduisant de Péluse à Héliopolis.		
Mort du Vice-Roi de Thèbes Gosormies. Marès ou Héliodore, son fils, ui succède.	867	3143
Séfostris, parvenu à une		

	Ere de Callisthène.	Durée jusqu'à nous.
vieilleſſe très-avancée & tombé dans le déſeſpoir, devient aveugle.	875	3135
Ce Héros de l'Egypte ſe tue	876	3134
Avènement du Rapha-cès de Manéthon au trône de l'Egypte. C'eſt celui qu'Hérodote nomme Phé-ron , & Diodore le ſecond Séſoſtris.		
Ce Pharaon devient aveugle.	879	3133
Guéri de ſa cécité, il érige deux obéliſques. . .	889	3123
Mort du Roi de Thè-bes Marès , devenu ſans doute indépendant après Séſoſtris. Il eſt remplacé par Anoïphès , l'herma-phrodite.	893	3117
Mort d'Anoïphès , & avènement de Sirios . .	913	3097
Sirios meurt, ou peut-		

	Ere de Callifthène.	Durée jufqu'à nous.
être eſt détrôné. Chnoubos donne à Thèbes une nouvelle famille de Souverains.	931	3079
Mort du Pharaon Raphacès, après 61 ans de règne, ſuivant Manéthon.	937	3073

Diodore ne donnait pas une ſi énorme durée au règne de ſon ſecond Séſoſtris , qui répond au Raphacès de Manéthon ; & ſi l'on voulait débrouiller un peu le cahos de la chronologie de l'Hiſtorien de Sicile à cette époque, il faudrait placer dans l'intervalle du dernier demi-ſiècle, trois nouveaux Pharaons, dont il donne l'hiſtoire.

Le premier de ces Rois, de la création peut-être de Diodore, eſt Amaſis, qui fut détrôné par l'Ethyopien Actifane.

Le fecond eft Actifane lui-même, fi connu par fa fameufe loi, qui commuait la peine de mort décernée auparavant contre les malfaiteurs, en leur faifant couper le nez & en les reléguant à Rhinocorure.

Le dernier eft Mendès, qui conftruifit un labyrinthe.

Revenons à la chronologie de Manéthon, la feule digne de fixer nos regards, & plaçons à l'année de la mort de Raphacès, l'avènement d'Aménophtès au trône des Pharaons.

Cet Aménophtès eft le Protée d'Hérodote, &

Ere de Callifthène.	Durée jufqu'à nous.
937	3073

peut-être le Cétès de Diodore ; mais ce n'eſt qu'aux yeux de l'Ecrivain qui veut concilier les faits & non les dates.

Paris, vers la fin du règne de Protée, eſt jetté par la tempête ſur les côtes de l'Egypte avec Hélène, qu'il avait enlevée, & ſon crime eſt jugé par le Pharaon. Mais s'il fallait croire Hérodote ſur l'époque de ce fait mémorable, il y aurait eu ſoixante & dix ans entre l'enlèvement d'Hélène & la vengeance, que les Grecs en tirèrent par l'incendie de Troye.

	Ere de Calliſthène.	Durée juſqu'à nous.
par l'incendie de Troye.	950	3060
Ranoſis remplace Chnoubos au trône de Thèbes.	953	3057

Ranoſis remplace Chnoubos au trône de Thèbes.

Mort d'Aménophtès, ſuivant le Prêtre d'Héliopolis. Ramesès, que le père

	Ere de Callif-thène.	Durée jusqu'à nous.
de l'histoire appelle Rampsinit, succède à ce Pharaon.	957	3053
S'il était possible que Ramesès eût conquis le monde, il aurait dû commencer cette expédition romanesque au commencement de son règne. . .	650	3050
Biyris devient Roi de Thèbes.	966	3044
Saophis remplace ce Roi du canon d'Eratosthène.	976	3034
Le Pharaon Ramesès construit son fameux obélisque.	980	3030
Senfaophis, ou le second Saophis, devient Roi de la haute-Egypte. . . .	1005	3005
Epoque de la prise de Troye, suivant Pline, qui se trompe de plus de quatre ans.	1016	2994

	Ere de Callif- thène.	Durée jufqu'à nous.
Mort du Pharaon Ra- mesès, après 60 ans de règne. Amménèmes lui fuccède, fuivant Mané- thon.	1017	2993

Cet Amménème répond au Nilus de Diodore, qui maîtrifa le fleuve de l'E- gypte, par fes digues & fes canaux, & lui donna fon nom. Le commence- ment du règne de Nilus eft mémorable pour les favants, par un texte de Dicéarque, qui évalue à 436 ans l'intervalle qui s'eft écoulé entre cette époque & la première des Olympiades. Or, il eft certain, comme nous l'a- vons démontré à la tête de ces faftes, que le nom-

	Ere de Callif-thène.	Durée jusqu'à nous.
bre de Dicéarque est exact, si on commence à compter à l'an	1018	2992
Vraie époque de la prise de Troye , suivant les Marbres de Paros.	1021	2989
Mort du Pharaon Ammenèmes. Il est remplacé par Thuoris.	1022	2988
Date de l'incendie de Troye, suivant Manéthon. Ce Prêtre d'Héliopolis ne se trompe que d'un an ; erreur bien légère à une époque si reculée , & qui donne le plus grand poids à sa chronologie.		
Mort du Pharaon Thuoris. Un anonyme le remplace.	1029	2981
Moschéris succède à Sensaophis dans le canon des Rois de Thèbes. . .	1032	2978
On ne sait rien du Pha-		

	Ere de Callif- thène.	Durée jufqu'à nous.
raon anonyme qui fuccéda à Thuoris, finon qu'il dut régner cinq ans, & que fon détrônement dut arriver l'an	1034	2976
Commencement de la vingtième dynaftie, for- mée de douze Rois de Diofpolis, que Manéthon ne fait connaître que par le calcul de la durée to- tale de leurs règnes, qu'il fuppofe de 135 ans.		
Moufthis remplace Mof- chéris à Thèbes	1063	2947
Pammos-Arcondès, hé- rite du trône de la Thé- baïde	1096	2914
Apappoïs le Grand, ou plutôt le Géant , com- mence à régner dans la haute-Egypte , fuivant le canon d'Eratofthène. . . .	1131	2879
Extinction de la vingt-		

	Ere de Callifthène.	Durée jusqu'à nous.
tième dynastie des Pharaons. La vingt-unième, composée de sept Rois de Tanis, la remplace. . . .	1169	2841
Avènement du Pharaon Smédès.		
Phoucénès succède à Smédès.	1195	2815
Mort du Roi de Thèbes Apappoïs. Il avait régné, suivant Eratosthène, un siècle entier, moins une heure. Son successeur est Achefchos, qui ne règne qu'un an.	1231	2779
La fameuse Nitocris devient Reine de Thèbes. .	1232	2778
Cette Princesse, la troisième année de son règne, qui répond à la vingt-cinquième de celui de Salomon, alla, suivant l'Historien Josephe, rendre visite à ce Souverain		

	Ere de Callifthène.	Durée jufqu'à nous.
de la Paleftine. Cette vifite eft mémorable, parce que fon époque répand le plus grand jour fur la chronologie du canon d'Eratofthène	1235	2775
Mort de Nitocris. Mourtaïos la remplace au trône de Thèbes.	1238	2772
Avènement du Pharaon Néphelchères.	1241	2769
Ammophtis fuccède à ce Prince au trône de Memphis.	1245	2765
Commencement du règne du Pharaon Ofochor.	1254	2756
Avènement de Pinachès au trône des Pharaons. .	1260	2750
La même année le fceptre de Thèbes devient vacant ; il eft occupé par Thuofimarès.		
Soufennes règne à la place du Pharaon Pinaches.	1269	2741

	Ere de Callifthène.	Durée jufqu'à nous.
Thinillos remplace fon père dans la haute Egypte, & fait quelques conquêtes.	1272	2738
Semphroucratès paraît dans le canon d'Eratoftène.	1280	2730
Chouter, qui fuccède à ce Prince, devient le tyran de Thèbes	1298	2712
Le détrônement du Pharaon Soufennès amène l'extinction de la vingt-unième dynaftie	1299	2711
Séfonchis, chef de la vingt-deuxième dynaftie, compofée de 9 Rois de Bubafte, commence à régner.		
Meurès, le Philofophe, hérite de la couronne de Thèbes.	1305	2795
Chomephta remplace Meurès	1317	2693

	Ere de Callisthène.	Durée jusqu'à nous.
Osoroth monte sur le trône des Pharaons de Memphis.	1320	2690
Ancounios ou Ochus, devient Roi de Thèbes.	1328	2682
Manéthon place à cette époque, trois Pharaons anonymes, qui ont régné entr'eux tous ou 25 ans ou 29. Le premier a dû monter sur le trône.	1335	2675
Tacellotis commence à régner à Memphis. . . .	1364	2646
Le Prêtre-Historien d'Héliopolis suppose encore ici trois Pharaons anonymes, dont la durée totale des règnes ne monte qu'à 42 ans. Le premier a dû jouir du pouvoir suprême. . .	1377	2633

Je serais tenté de ranger dans cette dynastie, & peut-être parmi les Pharaons anonymes, trois Rois de Diodore & d'Hérodote, qui, ne pouvant se lier avec la chronologie de Manéthon, ont trouvé cependant place dans cette Histoire des Hommes.

Le premier est le fameux Cheops, qui établit l'athéisme dans ses Etats, bâtit la plus grande des pyramides, & régna, dit-on, un demi-siècle.

Le second est son frère, Céphren, qui continua à propager, pendant cinquante-six ans, dans l'Egypte, le système de l'irréligion.

Le dernier est le sage Mycerin, qui ne régna que six ans, quoiqu'il eût rempli avec exactitude le contrat qui le liait à Dieu & aux hommes.

Ere de Callisthène.	Durée jusqu'à nous.
1377	2633

	Ere de Callif-thène.	Durée jufqu'à nous.
Mort du tyràn Ancou-ñíos, après avoir opprimé Thèbes pendant foixante ans. Pentéathouris le rem-place.	1388	2622
Stamenèmes commence à gouverner Thèbes, fui-vant Eratofthène	1404	2606
Extinction de la vingt-deuxième dynaftie, & avè-nement de Pétoubatès, chef de la vingt-troifième.	1419	2591
Siftofichermes monte fur le trône de Thèbes . .	1427	2583

Manéthon dit que c'eft fous le Pharaon Pétouba-tès, que la Grèce com-mença à compter fes Olympiades. Cette épo-que célèbre tombe la tren-te-cinquième année du règne qui nous occupe. Syncronifme qui donne la plus grande authenticité

	Ere de Callifthène.	Durée jufqu'à nous.
au calcul du Prêtre d'Héliopolis & à notre chronologie.	1454	2556
Mort du Pharaon Pétoubatès & avènement d'Oforcho.	1459	2551
Pfammoïs fuccède à Oforcho au trône de Memphis.	1467	2543
Zet, qui, en fuppofant une chronologie à Hérodote, eft le Prince qu'il nomme Atychis, s'affied fur le trône des Pharaons.	1477	2533
Erection d'une pyramide de brique, vers.	1481	2529
Maris remplace Siftofichermes fur le trône de Thèbes.	1482	2528
Mort de Zet, & extinction de fa dynaftie. . . .	1508	2502
Bonchoris, l'unique Prince de la vingt-quatrième dynaftie, qu'Hé-		

	Ere de Callif-thène.	Durée jufqu'à nous.
rodoté appelle Anyfis, s'affied fur le trône de Zet.		
Conquête de l'Egypte, par Sabbacon	1514	2496
Le père de Pfammitique eft tué par le Roi d'E-thyopie, fur le champ de bataille.		
Fuite de Bonchoris dans des marécages.		
Le Roi de Thèbes re-devient un fimple Gou-verneur, foumis aux Pha-raons.		
Sabbacon réforme le code criminel de l'Egypte. Ordonnance mémorable, par laquelle il abolit la peine de mort.	1516	2494
Monumens utiles que commence à élever ce grand homme.	1517	2493

	Ere de Callif-thène.	Durée jufqu'à nous.
Il bâtit le fameux temple de la ville de Bubaſte	1520	2490
Conjuration des Prêtres de Thèbes.	1521	2489
Sabbacon a le courage d'abdiquer la couronne d'Egypte & retourne en Ethyopie	1522	2488
Maris, Gouverneur de Thèbes, profite du départ de Sabbacon , & rend à fa couronne fon indépendance.		
Sévéchos, fuivant Manéthon, s'empare du trône de Memphis ; fuivant Hérodote, c'eſt l'aveugle Anyſis que Sabbacon avait détrôné, & qui , pendant tout le cours de fon règne s'était tenu caché dans des marécages.		

	Ere de Callifthène.	Durée jusqu'à nous.
Avènement de Siphoas au trône de Thèbes, qui conduit à l'an	1525	2485
Un anonyme fuccède à Siphoas dans le canon d'Eratofthène	1530	2480
Tarchos devient Roi de Memphis.	1536	2474
Phrouron ou Néïlos, paraît, pour la première fois, dans la dynaftie collatérale des Souverains de Thèbes.	1544	2466
Phrouron eft remplacé par Amourthantaïos . . .	1549	2461
Mort du Pharaon Tarchos, & extinction de la vingt-cinquième dynaftie.	1554	2456
Stéphinatès fonde une nouvelle race de Pharaons.		
Nérepfos hérite du trône de Memphis, & s'y endort	1561	2449
Néchao I. remplace Né-		

	Ere de Callif-thène.	Durée jusqu'à nous.
repſos. C'eſt le Séthon d'Hérodote, quand on fait l'honneur à cet Hiſtorien, de lui ſuppoſer une chronologie	1567	2443
Révolution dans le Gouvernement d'Egypte. Douze Gouverneurs s'uniſſent pour régner , & s'aſſeyent enſemble ſur le trône des Pharaons. . . .	1575	2435
Pſammitique , un des douze Rois, fait fleurir le commerce dans ſon département , devient très-puiſſant , & excite la jalouſie de ſes collègues. .	1580	2430
Le Sénat de Rois bâtit en commun le labyrinthe. , ...	1590	2420

L'orage excité par la jalouſie contre Pſammitique , éclate avec violence. Ce Prince eſt dé-

	Ere de Callifthène.	Durée jufqu'à nous.
trôné & contraint de fuir dans les marécages de la baffe-Egypte.		
Pfammitique cherche des appuis dans l'Ionie & dans la Carie. Succès de fes Agents. Les Grecs font une defcente en Egypte, tirent le Roi détrôné de fon afyle, & le font régner fur prefque toute la Monarchie	1591	2419
Reconnaiffance du Pharaon; les Grecs s'établiffent dans la baffe-Egypte . . .	1592	2418
Guerre contre la Syrie.	1593	2417
Deux cents mille Egyptiens défertent & fe retirent en Ethyopie.		
Abolition du droit de naufrage.	1594	2416
Pfammitique embellit fa capitale de nouveaux édifices.	1600	2410

	Ere de Callisthène.	Durée jusqu'à nous.
Nabuchodonosor pénètre en vainqueur dans la haute-Egypte, détrône Amourthantaïos, & met fin au canon d'Eratosthène.	1612	2398
Mort de Psammitique. Il avait régné cinquante-quatre ans, si l'on compte son avènement au trône, depuis l'instant où il le partagea avec les onze Nomarques.	1629	2381
Avènement de Néchao II, fils de Psammitique. Ce Prince porte la guerre en Syrie, bat les ennemis près de Magdol, & s'empare de Cadytis, une de ses métropoles.	1630	2380

Le Pharaon, irrité de ce que Joachaz, Roi de Juda & son vassal, est monté sur le trône sans son agrément, le fait ve-

	Ere de Callif-thène.	Durée jufqu'à nous.
	1630	2380

nir à Reblah, & l'envoie chargé de fers en Egypte ; enfuite il entre dans Jérufalem, & y nomme pour Roi, un fecond fils de Jofias. Tous ces évènemens, rapportés également par la Bible & par Manéthon, s'accordent quant aux détails des faits, mais non quant à la chronolologie. Cette contradiction apparente, naît fans doute de la diverfité des calculs du texte Hébreu, du texte Samaritain & de la verfion des Septante ; fans entrer dans des difcuffions pefamment érudites, qui ne font pas faites pour une Hiftoire des Hommes, nous nous contenterons d'obferver que l'Archevêque d'Armagh Usher, qui donne à la Bible la chronologie la moins systématique, place les évènemens dont nous venons de parler, il y a environ 2389 ans; mais qu'entraînés par la série des faits, nous sommes contraints de les rapprocher de nous de dix ans (a); ce qui nous conduit à l'an . . . .

Néchao commence le fameux canal de commu-

	Ere de Callifthène.	Durée jusqu'à nous.
	1631	2379

(a) Ce n'est pas qu'il ne nous fût aisé de couper le nœud gordien, en admettant, au lieu des six ans de règne que Manéthon donne à Néchao, les dix-sept que lui prête Hérodote; alors il faudrait ôter ces onze ans surnuméraires à Psammitique, & le désastre de Joachaz se concilierait avec l'ordre de nos annales, soit par rapport aux faits, soit par rapport à la chronologie. Mais c'est cette facilité même de lier la Bible avec Manéthon, qui nous arrête. Quand il s'agit de livres sacrés, le Philosophe ne doit point faire de système.

	Ere de Callifthène.	Durée jusqu'à nous.
nication qui doit unir la Méditerrannée à la mer Rouge.		
De finiftres oracles qui fe répandent, & encore plus l'ignorance des Architectes du canal , qui coûte la vie à cent vingt mille Egyptiens, obligent le Pharaon à abandonner ce beau monument	1632	2378
Navigation Phénicienne autour de l'Afrique, entreprife fous les aufpices de Néchao.		
Les Phéniciens , qui s'étaient embarqués fur la mer Rouge , rentrent en Egypte par la Méditerranée.	1635	2375
Mort de Néchao. Avènement de Pfammouthis , fon fils & fon fucceffeur.		

	Ere de Callisthène.	Durée jusqu'à nous.
Les Grecs députent au nouveau Pharaon, pour le consulter sur l'institution des jeux olympiques.	1636	2374
Guerre entre l'Egypte & l'Ethyopie. Mort de Psammouthis.	1641	2369
Avènement de l'Ouaphris de Manéthon, que les Historiens Grecs appellent Apriès.		
Il s'empare de l'isle de Chypre.	1643	2367
Expédition contre les Phéniciens. Sidon est prise par l'armée d'Apriès. . . .	1644	2366
Guerre en Lybie. . . .	1657	2353
Désastre des Egyptiens, causé par le Machiavélisme d'Apriès.	1658	2352
Révolte dans l'armée d'Apriès.		
Amasis est couronné par les rebelles.	1659	2351

	Ere de Callif-thène.	Durée jufqu'à nous.
Bataille de Marah. Défaite d'Apriès, & fon détrônement	1660	2350
Aprièseft étranglé. Amafis le remplace fur le trône des Pharaons.		
Le nouveau Roi établit les Grecs dans Naucratis.	1662	2348
Inftitutions politiques d'Amafis	1670	2340
Temples & monumens élevés par le Pharaon. . .	1675	2335
Tranfport d'un édifice d'une feule pierre, devant un temple de Sais	1690	2320
Cambyfe demande à Amafis fa fille en mariage; celui-ci envoie à fa place Nitocris, fille d'Apriès.	1703	2307
Le Roi de Perfe entre en Egypte, à la tête d'une armée.		

	Ere de Callif-thène.	Durée jusqu'à nous.
La double perfidie de Combaph & de Phanès, accélère la conquête.		
Mort d'Amasis & avènement du Psammachéri-tès de Manéthon, qu'Hérodote appelle Psammé-nit.	1704	2306
Cambyse s'empare de Péluse, la clef de l'E-gypte du côté de l'Asie.		
Bataille entre les Egyptiens & les Perses. Victoire des derniers. Psammé-nit est obligé de chercher un asyle dans sa capitale	1705	2305
Siége de Memphis. Attentat de la garnison contre le droit des gens. La ville est prise d'assaut.		
Désastre de la famille du Pharaon. L'héritier de		

	Ere de Callifthène.	Durée jufqu'à nous.
la couronne périt fur un échaffaud. Pfamménit lui-même eft empoifonné.		
Réduction de l'Egypte entière fous le pouvoir des Perfes, ...	1706	2304
Pefte qui oblige Cambyfe à conduire fon armée en Ethyople.	1708	2302
Retour des débris de l'armée Perfe en Egypte.		
Incendie des temples ; afyle des tombeaux violé ; deftruction des obélifques.	1709	2301
Supplice des Magiftrats de Memphis.		
Retour de Cambyfe en Perfe	1710	2300
Le traître Combaph eft nommé Gouverneur de l'Egypte, par le fils de Cyrus.		

	Ere de Callifthène.	Durée jufqu'à nous.
L'Egypte refpire fous la théocratie modérée du Mage Sphendadate. . . .	1719	2291
Cette Monarchie eft foumife à un tribut réglé fous Darius, fils d'Hyftafpe, & devient une des vingt Satrapies de la Perfe.	1724	2286
La tyrannie des Gouverneurs de l'Egypte l'oblige à fe révolter. . . .	1744	2266
Xerxès appaife la révolte, en donnant aux Egyptiens Achemène, fon frère, en qualité de Vice-Roi.	1745	2265
Inare, Prince Libyen, foulève l'Egypte contre Artaxerxe.	1766	2244
Le Rebelle fe ligue avec les Athéniens, en reçoit des troupes auxiliaires, & s'empare, avec		

leurs secours, de Memphis.

Le Roi de Perse envoie Achéménide à la tête d'une armée formidable, pour réduire l'Egypte. Ce Général est vaincu & tué par Inare lui-même sur le champ de bataille. . .

Les débris de l'armée défaite cherchent un asyle dans une des enceintes de Memphis, & y soutiennent, sans capituler, un siége de trois ans.

Mégabyse vient venger Achéménide ; il s'empare d'une partie de l'Egypte, & délivre les Perses bloqués dans la capitale . . .

Bataille sanglante. Inare, vaincu & blessé, est contraint de chercher une retraite, dans les remparts de Byblos. . . . .

	Ere de Callisthène	Durée jusqu'à nous.
	1767	2243
	1770	2240
	1772	2238

	Ere de Callisthène.	Durée jusqu'à nous.
Siége de Byblos. Les Athéniens se fortifient dans l'isle de Prosopitis.		
Mégabyse, en détournant le cours des canaux du Nil , met à sec la flotte Athénienne, ce qui oblige Inare à capituler. .	1774	2236
Retraite héroïque des Athéniens, & retour de l'Égypte entière sous la domination d'Artaxerxe.		
Le Roi de Perse ratifie la capitulation de Byblos.	1776	2234
Inare , malgré la foi des traités , est livré à Amytis, qui le fait expirer sur trois croix.	1781	2229
L'Egypte profite de la léthargie de la Perse sous le second Darius , pour recouvrer son indépendance. Amyrtée sort avec		

	Ere de Callif-thène.	Durée jusqu'à nous.
quelques troupes d'élite des marécages du Delta, où il se tenait caché, chasse les Perses, & soumet peu-à-peu toute l'E-gypte. Si on ne consulte que la chaîne des faits, cette révolution dut arriver la douzième année du règne de ce même Darius, c'est-à-dire	1818	2192
Avènement d'Amyr-tée au trône des Pha-raons, suivant la chrono-logie du savant Prêtre d'Héliopolis.	1826	2184
Mort d'Amyrtée . . .	1832	2178
Règnes imaginaires de Pausiris & de Psammiti-que, suivant les Grecs, contredits par Mané-thon.		
Néphéréitès, tige de la vingt-neuvième dynastie		

	Ere de Callif-thène.	Durée jufqu'à nous.
des Pharaons, monte fur le trône.		
Ligue de ce Prince avec Lacédémone. Il envoye en Grèce une flotte de cent galères. Les Rhodiens s'en emparent, & cet armement devient inutile à Lacédémone. . . .	1837	2173
Mort de Néphéréitès. Achoris lui fuccède . . .	1838	2172
Confédération de l'Egypte avec Evagoras, Roi de Chypre, contre les Perfes.	1839	2171
Puiffant armement des Perfes, pour réduire l'Egypte.	1849	2161
Mort d'Achoris, & avènement de Pfammoutis	1851	2159
Pfammoutis meurt à fon tour, & Néphorotès le remplace.	1852	2158

	Ere de Callisthène	Durée jusqu'à nous.
Nectanèbe I, à la mort de Néphorotès, fonde une nouvelle dynastie de Pharaons.		
Invasion des Perses en Egypte	1855	2155
La division se met entre Iphicrate & Pharnabase, les deux Généraux d'Artaxerxe, & l'Egypte en profite, pour s'affermir de plus en plus dans son indépendance.	1856	2154
Mort du premier Nectanèbe.	1870	2140

Théos, ou Tachos, second Pharaon de la trentième dynastie, se conduit imprudemment au commencement de son règne ; il blesse la fierté d'Agésilas, son allié. Celui-ci se venge, en favorisant la rebellion d'un

	Ere de Callif-thène.	Durée jusqu'à nous.
des parents de Théos, qui prétendait à sa couronne	1871	2139
Détrônement de Théos, & avènement du rebelle, sous le nom du second Nectanèbe.	1872	2138
Nouveaux troubles en Egypte. Un mécontent se présente devant Nectanèbe, à la tête de cent mille hommes, remporte la victoire, & poursuit le Pharaon sous les murs d'une de ses métropoles	1874	2136
La destinée de la Monarchie est confiée par le Roi assiégé, à Agésilas. La fortune change. Les rebelles sont battus, leur chef fait prisonnier, & Nectanèbe rentre dans Memphis, plus puissant que jamais.	1876	2134

	Ère de Callis-thène.	Durée jufqu'à nous.
Ligue du Pharaon avec les Phéniciens, contre les Perfes. Il envoie à leur fecours Mentor de Rho-des avec quatre mille Grecs de troupes auxiliaires. . .	1879	2131
Ochus, vainqueur des Phéniciens, fait entrer à la fois trois armées en Egypte, pour la foumettre.	1880	2130
Victoire de Nicoftrate. Capitulation de Pélufe, & foumiffion de l'Egypte. Nectanèbe emporte de Memphis une partie de fes tréfors & s'enfuit en Ethyopie.	1881	2129
Tyrannie d'Ochus. Il renverfe les monumens des Pharaons ; il fait brûler les temples, & couler le fang des peules.	1882	2198
Le dieu Apis, par fon ordre, eft immolé à un âne·		

	Ere de Callif-thène.	Durée jusqu'à nous.
Sourdes intrigues de Nectanèbe, pour recouvrer sa couronne.		
Mort de Nectanèbe en Ethyopie. De ce moment l'Egypte devient vraiment une Satrapie de la Perse.	1888	2122
Alexandre se présente devant Péluse, & se fait ouvrir les portes de cette ville, qu'on regardait comme la clef de l'Egypte. .	1898	2112
Ce Conquérant remonte le Nil avec sa flotte, s'empare d'Héliopolis & de Memphis, & donne des loix à la nation entière.		
L'armée Macédonienne rentre en Asie	1899	2111
Alexandre épouse la fille de Darius, & se fait couronner Roi de Perse. C'est de cette époque que l'E-gypte, soumise & tran-		

	Ere de Callifthène.	Durée jufqu'à nous.
quille, peut être regardée comme une des Provinces du grand empire dont il fut le fondateur	1902	2108

Callifthène envoie de Babylone à Ariftote, l'année fuivante, fon fameux recueil d'obfervations Chaldéennes, qui renfermaient un intervalle de 1903 ans. Ainfi les annales de l'Egypte fous les Pharaons, ainfi que celles de la Perfe fous les Succeffeurs de Cyrus, finiffent avec l'Ere de ce Philofophe.

SUPPLÉMENT.

L ES Annales des Pharaons font préfentées, dans la Bible, fous un point de vue tout différent que dans Manéthon, Hérodote & Diodore. Les mœurs des peuples, des deux côtés, ne fe reffemblent point ; les dynafties varient ; les dates fe contredifent. Les Savants de l'Europe moderne s'occupent, depuis deux cents ans, à mettre quelqu'ordre dans ce cahos. On peut juger du peu de fuccès de leurs tentatives, par l'étrange diverfité de leurs fyftêmes ; Scaliger, Usher, Marsham, le Jéfuite Pétau, ont établi, chacun à part, leurs données, pour réfoudre le problême. Newton les a tous combattus, & ce grand homme, defcendu lui-même dans l'arène, avec l'immortel Fréret, a vu que le monde phyfique était plus aifé à arranger, que la chronologie des Pharaons.

Pour nous, fidèles à nos principes de circonfpection & de décence, & convaincus qu'il n'y aurait aucune philofophie à concilier ce qui, de fa nature, eft inconciliable, nous nous contentons, après avoir expofé le tableau de l'hiftoire profane de l'Egypte, de renvoyer à la Bible, celui de fon hiftoire facrée, laiffant aux Lecteurs le foin d'affimiler les fites, les attitudes & jufqu'aux noms des perfonnages.

Au refte, il n'eft parlé de l'Egypte, dans les livres des Hébreux, que par occafion ; ce qu'en difent les Ecrivains infpirés, fe réduit à l'hiftoire des fameufes plaies, à la fortie miraculeufe du Peuple de Dieu, à l'afyle demandé à un Pharaon, par le transfuge Jéroboam, & à la captivité du Roi Joachaz, dans Memphis (a). C'eft ce petit nombre de faits

---

(a) Voyez *Genef.* cap. 39, 41 & 47. *Exod.*

(qu'il fallait croire & non difcuter) qui a
enfanté tant d'énormes volumes depuis
deux fièvles; on a voulu appuyer Hérodote
par Moyfe, & ce qui eft bien plus étrange,
Moyfe par Hérodote, & on a augmenté,
dans l'hiftoire des Pharaons, le cahos
qu'il fallait débrouiller; on a plié la chronologie des interprètes du Pantateuque,
à celle des interpretes de Manéthon,
& il a réfulté de tous ces vains fyftèmes
de conciliation, que l'Égypte jufqu'ici
n'a point eu de chronologie.

cap. 5, 8, & 10, 12 & 14, & *Reg.*
lib. *paffim*.

Fin de l'Hiftoire des Egyptiens.

TABLE

DES CHAPITRES

DU TOME ONZIÈME

DE L'HISTOIRE ANCIENNE,

OU DE

L'HISTOIRE DES ÉGYPTIENS.

Fin de la Table des Chapitres.

ERRATA.

IL s'est glissé (à l'impression) une faute essentielle au tome IX, pag. 50, lig. 13 & 14; il doit y avoir : *le promontoire Prasum, mot qui répond à celui de cap Verd.* Nous faisons cette observation, afin qu'on ne confonde pas ce promontoire Prasum, avec un autre, situé à l'occident de l'Afrique, que nous connaissons, dans la Géographie moderne, sous le nom de cap Verd, & au travers duquel passe notre premier méridien.

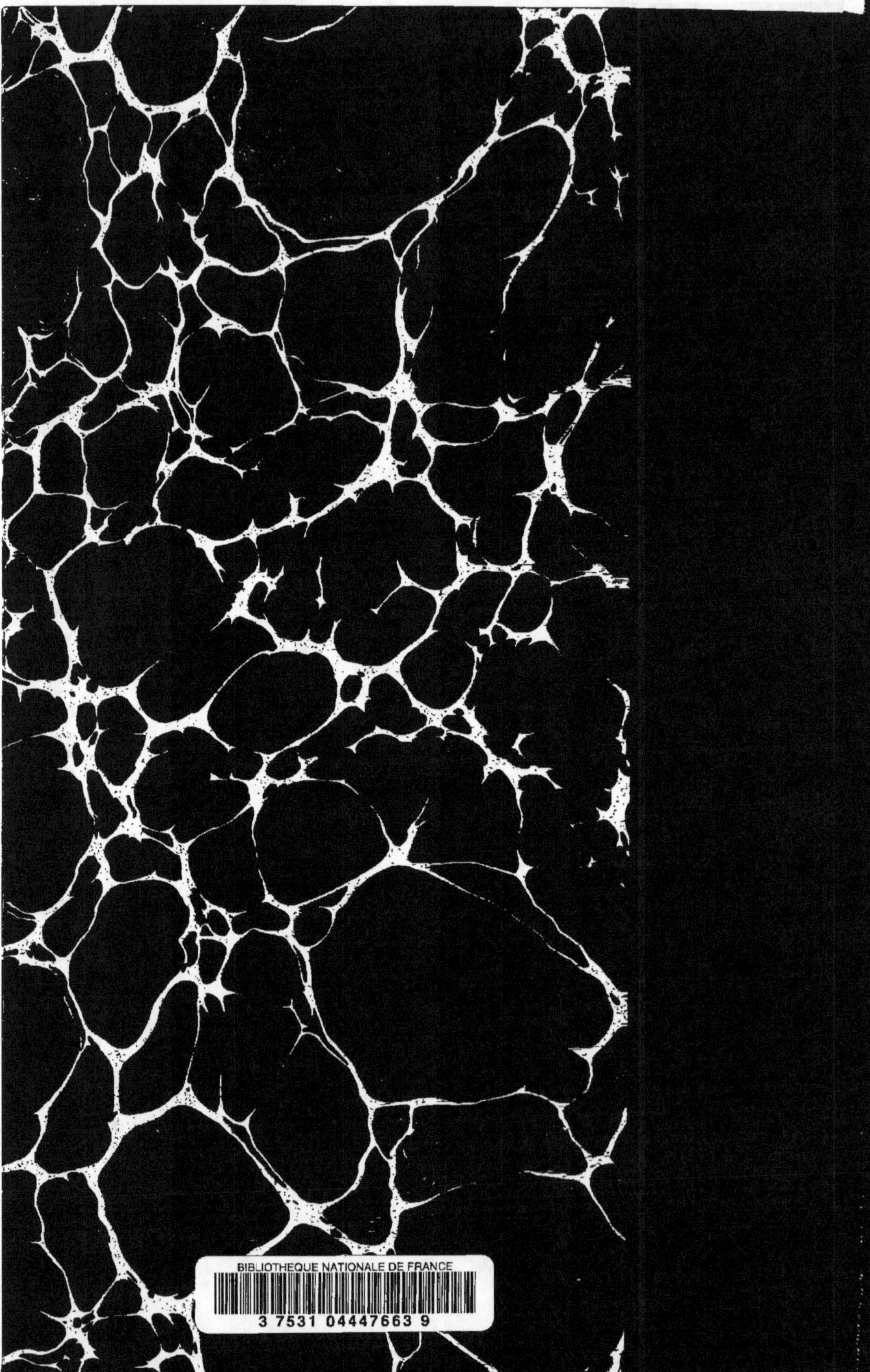

BIBLIOTHEQUE NATIONALE DE FRANCE
3 7531 04447663 9